KB266093

아이 러브 스도쿠

일반

초급
중급

Vitamin Book

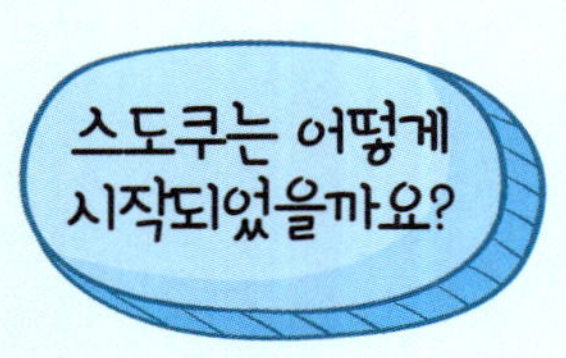

스도쿠는 18세기 스위스의 수학자 레온하르트 오일러가 만든 라틴방진에 기초해서 1979년에 미국의 건축가 하워드 간즈가 넘버 플레이스라는 이름으로 소개한 숫자 퍼즐 게임입니다. 이후 일본에서 스도쿠라는 이름을 붙이면서 대중화가 되었어요. 1984년에 일본 최초의 퍼즐 잡지인 니코리사의 〈퍼즐통신 니코리〉에 스도쿠라는 이름이 처음 사용되면서 세계적으로 유명해졌습니다.

스도쿠는 주어진 숫자를 힌트 삼아 가로줄과 세로줄, 박스 안에 숫자가 중복되지 않도록 칸을 채워가야 합니다. 매우 간단하고 단순한 듯하지만 문제를 푸는 과정이 그리 간단하지만은 않아요. 숫자를 잘 관찰하고 분석해야 하므로 스도쿠를 게임처럼 즐기면서 자연스럽게 숫자에 친숙해질 뿐만 아니라 한 칸 한 칸 빈칸을 채울 때마다 어떤 숫자가 들어가야 하는지 생각을 거듭하며 기억하는 능력을 키

우기에도 좋습니다.

이 책에서는 초급자도 쉽게 풀 수 있는 간단한 스도쿠부터 점점 난이도를 높여 중급자도 풀 수 있도록 구성하였습니다. 짧은 시간 내에 풀 수 있는 문제가 많기 때문에 부담 없이 즐길 수 있습니다. 4×4부터 시작하여 6×6을 풀고 그 다음 그보다 조금 난이도가 높은 9×9 등에도 도전해 보세요.

스도쿠를 꾸준히 풀다 보면 집중력이 향상되고 창의력과 사고력, 분석력을 키우기에 도움이 됩니다.

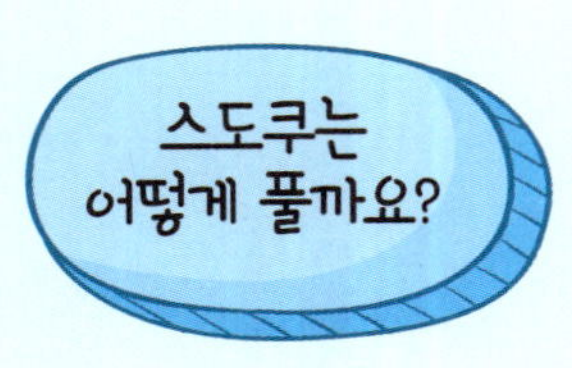

4×4 스도쿠 푸는 방법

4×4의 규칙

하나의 가로줄, 세로줄, 박스에는 각각 1~4의 숫자가 하나씩 들어갑니다.

가장 쉽게 빈칸을 채울 수 있는 방법을 생각해 봅니다.

숫자가 많이 채워져 있고 빈칸이 적은 곳부터 숫자를 넣으면 되겠죠! 가로줄, 세로줄, 박스를 먼저 살펴보고 숫자가 겹치지 않게 넣어 봅니다.

가로줄 ④를 보면 1, 2, 3은 이미 들어가 있으니 빈칸에는 4를 넣으면 되겠죠. 이 4라는 숫자는 세로줄 ㉠에서도 똑같이 나옵니다.

②㉢의 빈칸에는 어떤 숫자가 들어가야 할까요?

이 박스에서도 1~4의 숫자가 들어가야

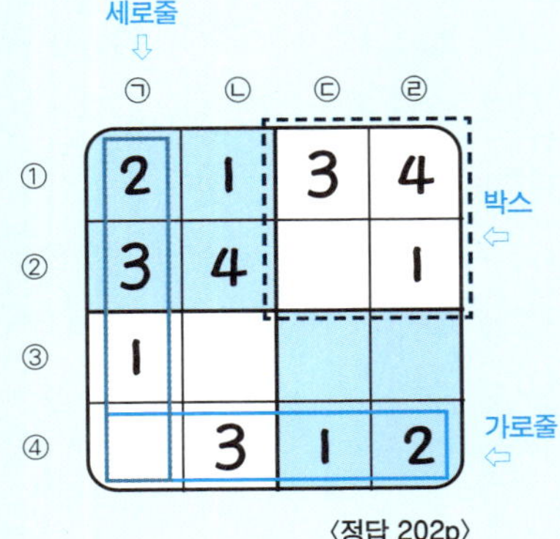

〈정답 202p〉

하는데 1, 3, 4는 있으니 빠진 숫자는 2입니다. 그러면 아래 세로줄 ㉢ ③의 빈칸도 숫자를 바로 채울 수 있을 거예요. 세로줄 ㉢에 3, 2, 1이라는 숫자는 있으니 빈칸에는 4가 들어가야 합니다.

6×6 스도쿠 푸는 방법

6×6의 규칙

하나의 가로줄, 세로줄, 박스에는 각각 1~6의 숫자가 하나씩 들어갑니다.

가로줄 ①에서 1~6까지의 숫자 중 1, 3, 5, 4가 있으니 빈칸에는 2와 6이 들어가야 합니다. 그런데 바로 아래줄(② ㄱ)에 6이 있으니 ① ㄱ에는 2가 들어가고 ① ㄹ에는 6이 들어갑니다.

	ㄱ	ㄴ	ㄷ	ㄹ	ㅁ	ㅂ
①		1	3		5	4
②	6					2
③						3
④	4					
⑤	5					6
⑥		2			1	4

〈정답 202p〉

박스에서도 이와 동일하게 생각해 볼 수 있습니다. 박스에 2, 4, 5, 6이라는 숫자가 있으니 ②번 줄 ㄹ ㅁ 빈칸에는 1과 3이 들어가야 합니다.

그런데 ㄹ의 맨 아래줄에 1이 있으니 중복으로 들어갈 수 없죠. 그러므로 빈칸에는 3이 들어가야 합니다. ② ㅁ의 빈칸에는 1을 넣어주세요.

같은 방법으로 나머지 빈칸을 채워 보세요.

9×9 스도쿠 푸는 방법

9×9의 규칙

하나의 가로줄, 세로줄, 박스에는 각각 1~9의 숫자가 하나씩 들어갑니다.

	ㄱ	ㄴ	ㄷ	ㄹ	ㅁ	ㅂ	ㅅ	ㅇ	ㅈ
①	4			8				7	6
②				2	7	5	8		
③		1	7		4		5		
④		4		7		2		5	1
⑤		9	3	6		8	7	4	
⑥	5	7		9		4		③	
⑦			6		8		4	9	
⑧			1	4	6	9			③
⑨						3			7

한 방향에서 보는 연습을 합니다.

위의 박스에서 어디에 3이 들어갈지 생각해 봅니다. 세로줄 ◎과 ㉧에는 이미 3이 들어 있기 때문에(◎⑥과 ㉧⑧), 이 두 줄에는 3이 들어갈 수 없습니다. 따라서 ㉦①에 3이 들어갑니다.

가로줄과 세로줄 두 방향에서 보는 방법을 살펴봅니다.

박스의 빈칸 중 어디에 6이 들어갈지 생각해 보세요.

가로줄 ①과 세로줄 ㉥, ㉤에는 이미 6이 들어 있습니다(①㉧, ㉥⑤, ㉤⑧). 그러므로 6이 들어갈 빈칸은 ③㉢입니다.

	㉠	㉡	㉢	㉣	㉤	㉥	㉦	◎	㉧
①	4			8			3	7	⑥
②				2	7	5	8		
③		1	7		4		5		
④		4		7		2		5	1
⑤		9	3	⑥		8	7	4	
⑥	5	7		9		4		3	
⑦			6		8		4	9	
⑧			1	4	⑥	9			3
⑨						3			7

가로줄과 세로줄 두 방향 보기에 익숙해지면 박스도 포함해 세 방향에서 보기를 살펴봅니다.

③㉣에 들어갈 숫자를 생각해 봅니다.

먼저 이 박스에서는 2, 4, 5, 6, 7, 8이 이미 있기 때문에 ③㉣에는 1, 3, 9가 들어갈 수 있습니다. 그런데 ③㉡에 1이 있기 때문에 ③㉣에는 들어갈 수 없습니다. 또한 ㉣⑥에도 이미 9가 있고 그러면 남는 것은 3. ③㉣에는 3이 들어갑니다.

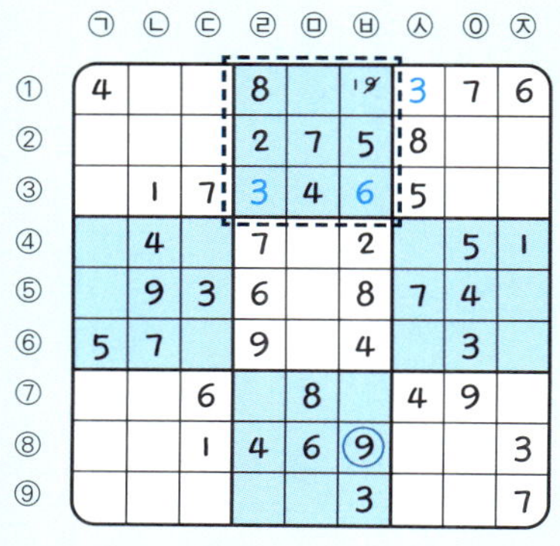

이렇게 천천히 빈칸을 채워 가면 됩니다.

　이제는 박스에서 ①ⓜ과 ①ⓗ에 들어갈 숫자를 생각해 봅니다. 이 박스 ①ⓜ과 ① ⓗ에 들어갈 숫자는 1, 9입니다. 그런데 세로줄 ⓗ에 이미 9가 있으니 남은 것은 1이에 요. ①ⓗ에는 1이 들어갑니다. 이 방법으로 빈칸을 채워 완성해 보세요.

〈정답202p〉

※ 빈칸에 들어갈 후보 숫자들을 나열한 후 사선으로 지우면 쉽 고 편리하게 빈칸을 완성할 수 있습니다.

7

차례

스도쿠
Level 1
초급

3	1		
4			
			3
		4	2

정답: 172p

	2	3	
		4	
	4		
	3	1	

정답: 172p

	1		
4		3	
	4		3
		2	

정답: 172p

3	2		
4			
			3
		1	4

정답: 172p

스도쿠
005

	3		2
2			
			1
1		4	

정답: 172p

스도쿠
006

		2	
		3	4
3	1		
	4		

정답: 172p

		2	
4			1
2			3
	1		

정답: 173p

4			
	2	1	
	3	4	
			2

정답: 173p

13

1			4
		2	
	4		
2			3

정답: 173p

			4
2			3
4			1
1			

정답: 173p

정답: 173p

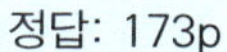

정답: 173p

정답: 174p

정답: 174p

16

정답: 174p

정답: 174p

4	1		
2	3	1	
	4	3	2
		4	1

정답: 174p

2		1	
	1		3
3		4	
	4		2

정답: 174p

18

정답: 175p

정답: 175p

	3		2
2		3	
3			1
	4		3

정답: 175p

3			
	1		4
4		1	
1			2

정답: 175p

		4	2
		3	1
4	1		
3	2		

정답: 175p

3			4
2	4		1
4	2		3

정답: 175p

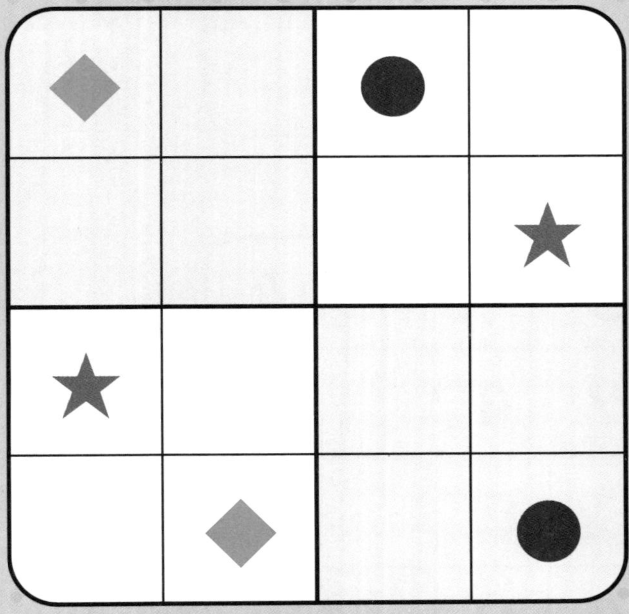

정답: 198p

TIME:　　　　　☆★★★

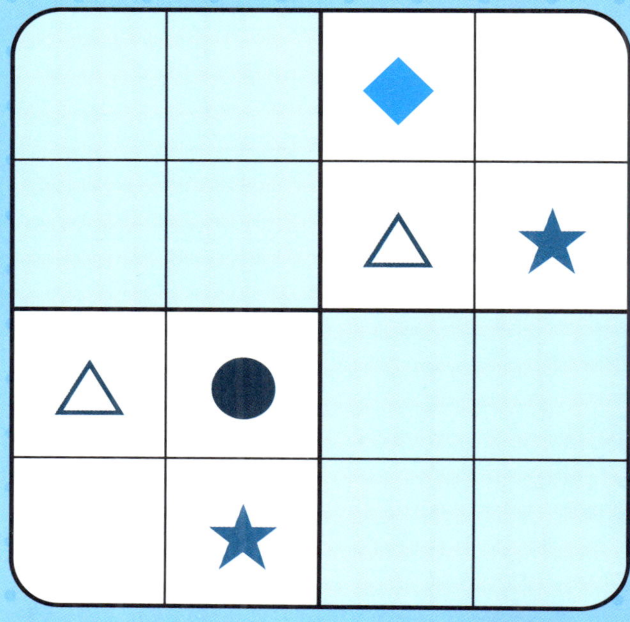

정답: 198p

TIME:

☆★★★

	3	1	
	1	3	
	4	2	
	2	4	

정답: 176p

1		2	
	3		4
4		3	
		4	1

정답: 176p

정답: 176p

정답: 176p

	2	3	4
		2	
	1		
2	4	1	

정답: 176p

4			1
	1	4	
	4	2	
2			4

정답: 176p

스도쿠
031

3		2	
	1		4
1		4	
	2		3

정답: 177p

스도쿠
032

			1
3		2	
	3		2
4			

정답: 177p

정답: 177p

스도쿠
034

Level 1

	6			5	
5		1		2	
2					
					2
	5		2		3
	2			4	

정답: 177p

	2			1	
		3	2		
	3			4	
	5			6	
		5	4		
	1			2	

정답: 177p

정답: 177p

2	4				
1					
		4	2		
		1	3		
					2
				6	1

정답: 178p

정답: 178p

정답: 178p

5		2			1
	4				
1			6		
		3			4
				6	
2			4		5

정답: 178p

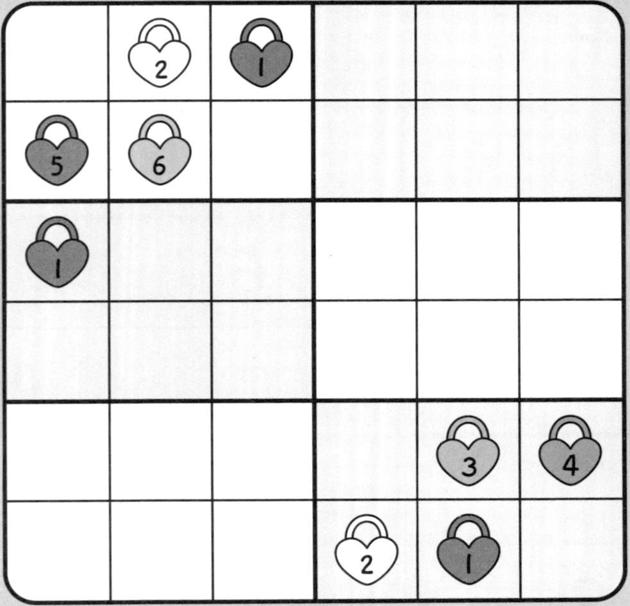

정답: 198p

TIME:　　　　☆★★★

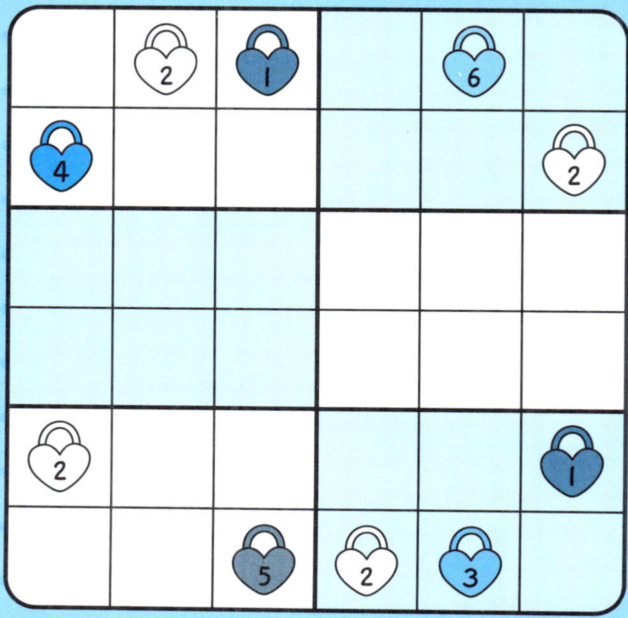

정답: 198p

TIME:

☆★★★

스도쿠
041

				3	1
				5	
		5			
			5		
	5				
6	2				

정답: 178p

				5	
				6	1
			1		
		1			
1	6				
	2				

정답: 178p

정답: 179p

3		4			
		5			
1	5				
				1	2
					3

정답: 179p

스도쿠
045

			3	2	
3	2	1		6	
6				1	
	4				3
	3		1	4	5
	1	5			

정답: 179p

	3	4	1	2	
		2	6		
3					6
2					1
		1	5		
	6	3	4	1	

정답: 179p

4		3		1	2
				4	3
2		5			
			4		5
6	3				
1	5		3		4

정답: 179p

3					6
		1	3		
	3	6	2	1	
	2	5	4	6	
		2	5		
5					2

정답: 179p

	3		2		
2				6	
					3
1					
	4				2
		1		3	

정답: 180p

스도쿠
050
A

	4		2		3
	2		6		1
3		1		2	
4		5		6	

정답: 180p

48

2			4	3	
				6	2
			6		3
1		3			
6	3				
	1	5			6

정답: 180p

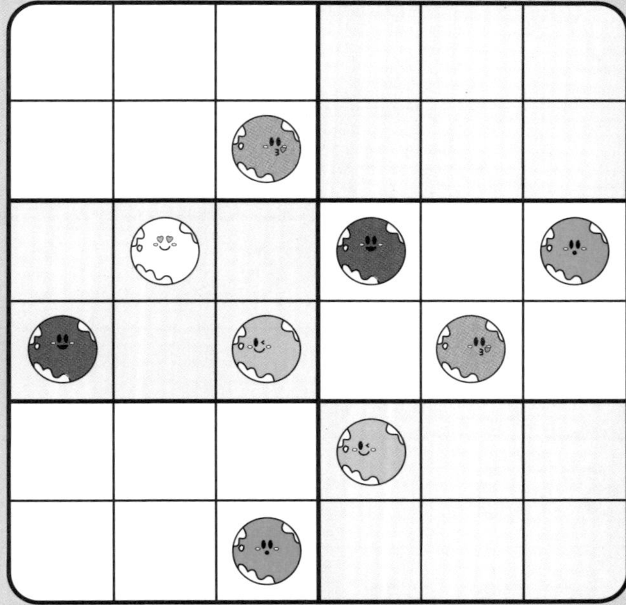

정답: 198p

TIME: ☆★★★

50

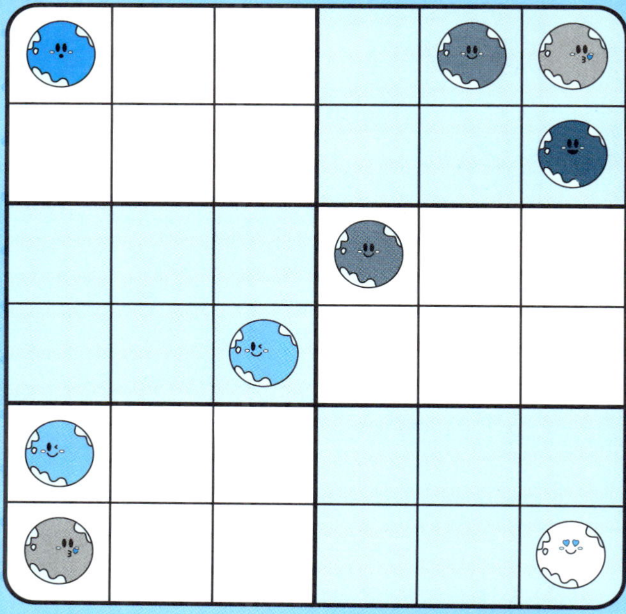

정답: 198p

TIME: ☆★★★

		1	4	5	
	6				
		3		6	
	5		2		
				3	
	1	5	6		

정답: 180p

	2	3	6	1	
	6			4	
3					4
6					1
	3			5	
	1	6	4	2	

정답: 180p

정답: 181p

정답: 181p

			4		
4			3		
6				2	
	3				6
		6			4
		3			

정답: 181p

4					3
		2	1		
	2			1	
	4			6	
		3	5		
2					4

정답: 181p

	3	6	4	5	
	2			3	
	1			6	
	5	4	2	1	

정답: 181p

58

정답: 181p

6		3		1	
	4		3		6
		4	5		
		2	6		
	2			6	
4		6	2		5

정답: 182p

스도쿠
062

	3	2	6	1	
6					2
4					1
2					5
3					6
	6	5	4	2	

정답: 182p

	5			2	
6		2	1		5
	6			4	
	1			6	
5		4	3		6
	3			5	

정답: 182p

	6			5	
4					6
	2	3	5	4	
	1	4	6	3	
		2	1		
	5			2	

정답: 182p

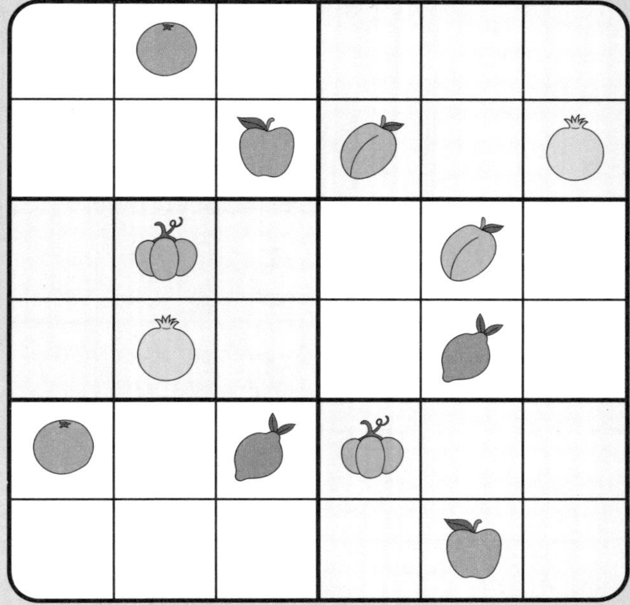

정답: 199p

TIME:　　　☆★★★

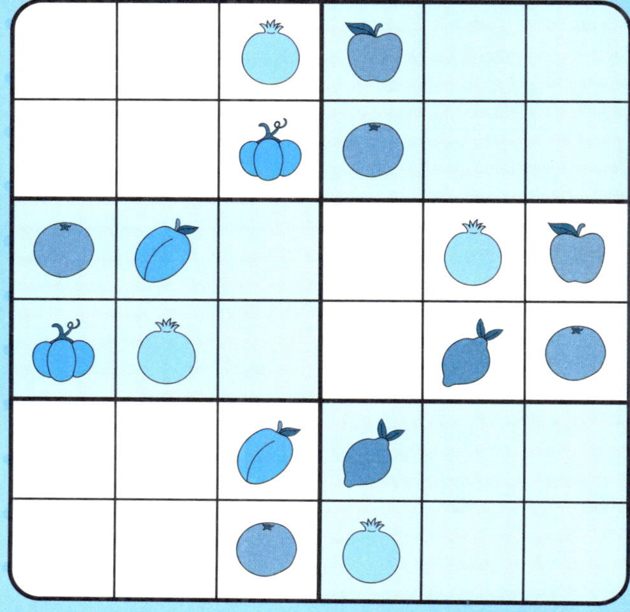

정답: 199p

TIME:

☆★★★

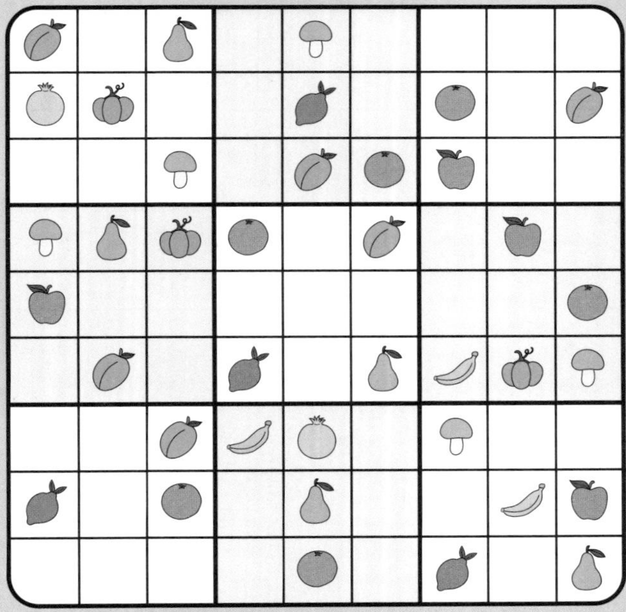

정답: 199p

TIME:　　　☆★★★

스도쿠
Level 2
중급

		6		4	
3		2			
				3	6
1	6				
			5		
	5		4		3

정답: 182p

	1			6	
6	3			2	4
		3	5		
		6	4		
3	2			5	1
	6			4	

4		2	6		3
	6			2	
	2			1	
	5			3	
	3			4	
2		5	3		1

정답: 183p

정답: 183p

스도쿠
069

2		1	5		6
	6			4	
	1			5	
	2			1	
	3			2	
4		2	1		3

정답: 183p

4	6			2	5
2					6
		2	5		
		5	1		
	2	4	6	5	
	1			4	

정답: 183p

스도쿠
071

정답: 183p

1			5		3
3			1		4
				3	2
6	3				
2		1			6
4		3			5

정답: 183p

	2		6	4	1
6				2	
			2	1	
	6	2			
3	5	4		6	
	1				3

정답: 184p

정답: 184p

스도쿠
075

	1		3	5	4
3	4				
		3	4		
	5			3	
1	2	6		4	
			6	2	

정답: 184p

정답: 184p

5	1			3	4
		2	1		
	5			2	
	2			4	
		1	3		
3	6			1	2

정답: 184p

	6	4	3	2	
3					1
		2	1		
		1	2		
4					2
	5	6	4	1	

정답: 184p

정답: 199p

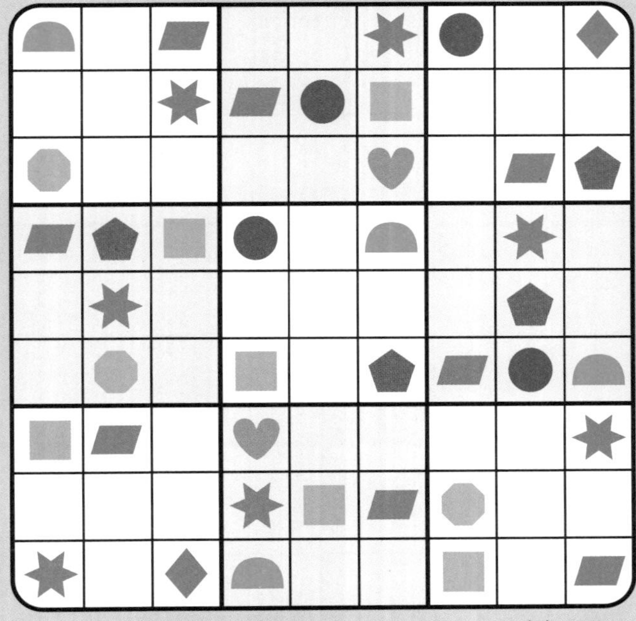

TIME: ☆☆★★

82

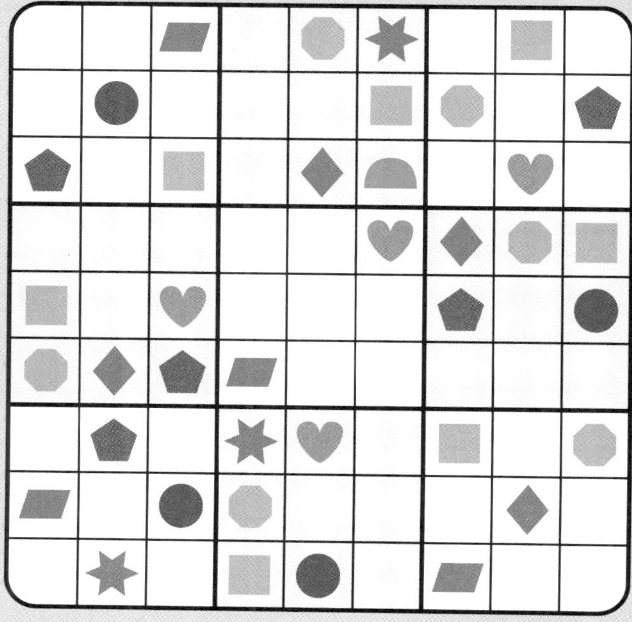

정답: 199p

TIME: ☆☆★★

	1			5	
		5	4		
1		6	3		4
3		2	5		1
		1	2		
	2			3	

정답: 185p

정답: 185p

정답: 185p

				3	
	3	5	4		6
	2			6	
	6			5	
4		6	2	1	
	1				

정답: 185p

		2	5		
	4			2	
3		4	1		5
1		6	4		2
	1			5	
		5	2		

정답: 185p

정답: 186p

			2	4	
				6	3
					2
4					
1	5				
	2	4			

정답: 186p

2								3
	3		1	8	2		4	
		7	5	9	3	1		
	1	8	4		7	5	6	
	9	2				4	1	
	6	5	8		9	2	3	
		3	9	5	8	6		
	7		2	3	6		8	
9								2

정답: 186p

		8		7	9		3	
9		5	6					
			3	5			2	1
8			7		5	2	9	
3		4		6		1		5
	9	2	8		3			7
1	8			9	4			
					7	4		9
	2		1	3		7		

정답: 186p

7			2		9			6
	6	9		5		2	3	
2			1		8			7
9		5	6		7	3		1
	1			9			6	
4		6	3		5	8		9
8			5		3			2
	7	1		2		9	8	
6			9		1			4

정답: 186p

		1	3			7	5	
5	6	4	7	9			3	
2			6				8	9
						5	9	4
	8		9		6		2	
3	1	9						
1	3				7			2
	4			6	9	3	1	5
	5	2			3	8		

	9					8	1	
1		8		2				3
4		5	6	1	8	7	2	
		4	7	8	5	2		
	8	7				6	4	
		1	3	6	4	9		
	5	6	9	3	1	4		2
7				4		3		8
	4	3					9	

정답: 187p

8					7			5
2		7		5		4		3
	5		2	1	3		8	
5		9		3		6		
	6	4	9		8	5	7	
		8		6		3		2
	3		1	8	6		5	
9		1		7		8		6
6			4					7

정답: 187p

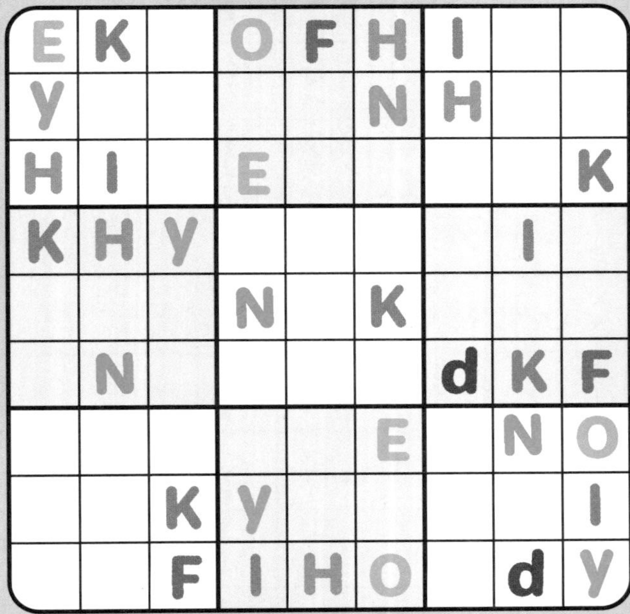

정답: 200p

TIME:　　　　☆☆★★

98

	K		O	F			Y	
F		O		I				H
				N	Y		E	
		d	H		O			I
Y	I	E		K		d	H	O
H			E		I	N		
	E		N	H				
d				E		F		N
	N			O	d		I	

정답: 200p

TIME:　　　　☆☆★★

스도쿠
093

	8		6		5		9	
7	2		3	9	4		6	8
		6				4		
2		8		4		3		5
	7		9		3		4	
6		3		5		9		7
		9				2		
8	3		4	6	9		7	1
	5		1		2		8	

정답: 187p

4			8	1				7
6		1	2		7	5		3
	7			3	6		4	
	1	4					2	8
3		8	4		1	9		5
2	5					4	1	
	3		1	7			8	
1		6	5		8	7		2
8				6	4			9

정답: 187p

6	1		8		5			3
8		7		3		6		
	3				6		1	
4			3		2	1		5
	5						9	
1		9	7		4			8
	7		6				8	
		8		1		4		9
5			4		3		2	6

정답: 187p

		2	6		9	5		
3				4	8	6		2
4		6	2	5			3	1
9		8			5		4	
	3	5				8	2	
	4		8			3		9
8	7			9	3	2		5
5		3	7	1				8
		4	5		6	7		

정답: 187p

7		1			4	3		5
8	2		7		5		4	9
		5		2		1		
9	6		3		2		8	
		7		4		9		
	8		1		7		5	6
		8		6		2		
5	3		2		9		1	4
2		9	4			5		7

정답: 188p

104

8		5		2	4		1	9
2			3			5		
	7	4	9		1	8		6
4		6				2	3	
7				6				1
	1	8				7		5
5		7	6		3	1	8	
		9			7			3
6	2		8	1		9		4

정답: 188p

9	6			7	5		2	4
5			8		4	9		1
	8	3	9			6		
8	1					5	4	
3				4				2
	7	4					1	8
		2			6	4	8	
1		8	7		3			6
6	3		4	8			9	7

정답: 188p

106

	2		4		5			3
3	4	8		2			1	
	7			6	1			
7				3		1		8
	8	1	9	5	6	7	3	
6		2		1				9
			1	7			2	
	1			9		6	4	7
8			6		2		9	

정답: 188p

		8				3		
	2		5		1		8	
6	4		2	3	8		1	7
	3	9	1		7	2	6	
		4	9		3	7		
	8	6	4		5	1	9	
4	7		6	5	9		3	1
	5		8		4			2
		1				5		

정답: 188p

	5	3			2	7		
		9	6	7				5
1		7	5			8	2	4
6			3		7	2	4	
	8		9		6		3	
	3	5	8		4			6
5	2	4			3	9		1
9				8	1	4		
		8	4			6	7	

정답: 188p

1			6		8	2		4
	2	5					6	
4			9	5	2		7	
7		8		2		6		1
		4	8			9	3	
6		3		4		5		2
	8		3	7	5			6
	4					7	9	
3		7	2		4			5

정답: 189p

		8	9				3	
	5	9	8			6		1
7	6		2	5	3		9	
	3	5			8	4		
1		4				9		3
		2	7			5	1	
	9		1	8	6		4	7
2		6			9	3	5	
	4			2		1		

정답: 189p

6		3	5			1		7
	5	4	3				6	
8		9		7		5	3	2
			2		7		8	1
		1	8		5	6		
4	8		1		6			
5	7	2		1		8		6
	9				8	3	2	
3		8			2	7		5

정답: 189p

<table>
<tr><td>4</td><td></td><td></td><td>8</td><td></td><td></td><td></td><td>7</td><td>6</td></tr>
<tr><td></td><td></td><td></td><td>2</td><td>7</td><td>5</td><td>8</td><td></td><td></td></tr>
<tr><td></td><td>1</td><td>7</td><td></td><td>4</td><td></td><td>5</td><td></td><td></td></tr>
<tr><td></td><td>4</td><td></td><td>7</td><td></td><td>2</td><td></td><td>5</td><td>1</td></tr>
<tr><td></td><td>9</td><td>3</td><td>6</td><td></td><td>8</td><td>7</td><td>4</td><td></td></tr>
<tr><td>5</td><td>7</td><td></td><td>9</td><td></td><td>4</td><td></td><td>3</td><td></td></tr>
<tr><td></td><td></td><td>6</td><td></td><td>8</td><td></td><td>4</td><td>9</td><td></td></tr>
<tr><td></td><td></td><td>1</td><td>4</td><td>6</td><td>9</td><td></td><td></td><td>3</td></tr>
<tr><td></td><td></td><td></td><td></td><td></td><td>3</td><td></td><td></td><td>7</td></tr>
</table>

정답: 189p

113

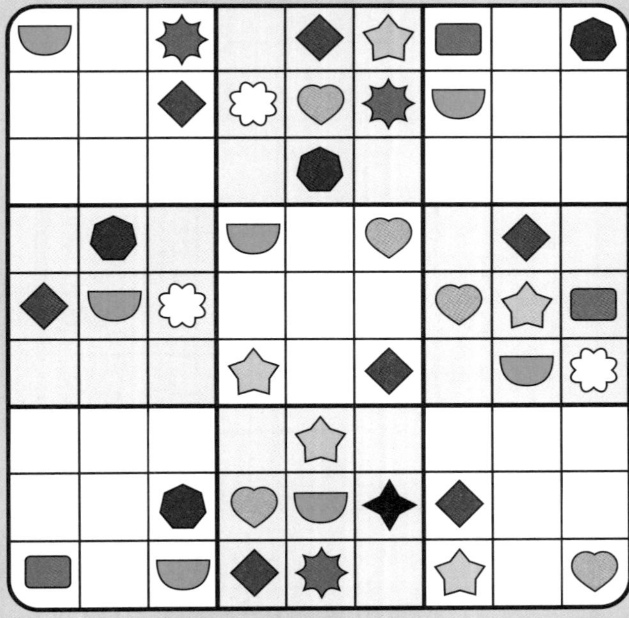

정답: 200p

TIME: ☆☆★★

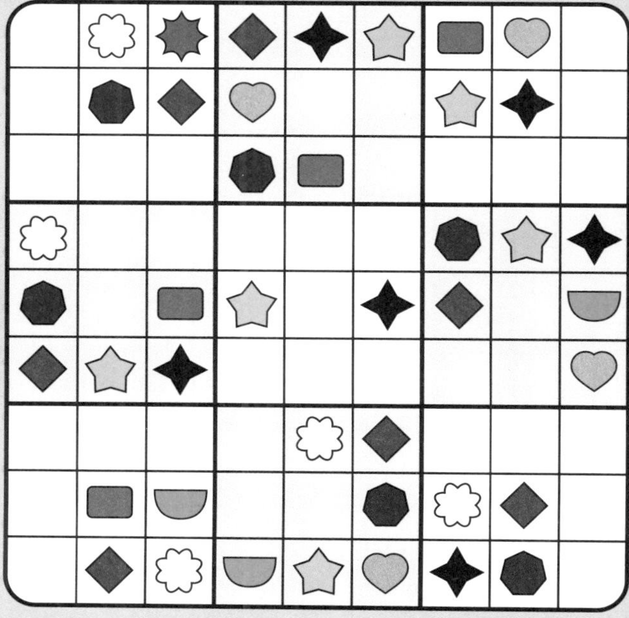

정답: 200p

TIME: ☆☆★★

5			1	2		4		7
	2				7			
4	7		3	6		1	5	
	1	2	6		4		3	
3		9	2		5	6		8
	6		8		3	9	2	
	5	6		8	2		4	1
			4				8	
2		4		3	1			6

정답: 189p

	6			5		7	1	
8		3		7	9	2		5
	7				1		6	9
			9		6	5	8	
9	2			8			3	6
	8	6	7		3			
1	3		2				7	
7		2	4	6		3		1
	5	8		3			9	

정답: 189p

5		6		1				2
		2	7	3		6		
	8	4	5			7	9	1
				5		2	4	
7	4		8	2	1		6	3
	3	8		9				
4	6	7			9	1	3	
		9		7	3	4		
1			4			8		9

정답: 190p

9				6	1		2	7
7	2		8	9				
	5	6		3		9	1	
		4	6				3	
5	3	9	7		2	1	4	6
	7				3	8		
	6	5		4		2	7	
				7	6		8	1
1	8		3	2			9	

정답: 190p

			5	2	9			
4	5			1	8		2	3
7		2			3	9		5
2	6	8						9
9	1		2		4		7	6
3						1	5	2
1		7	8			3		4
8	9		4	7			6	1
			3	9	1			

정답: 190p

스도쿠
112

	5		7		6		1	
2	7						4	6
6		1	3		4	9		7
9		6		7		5		3
			8	4	3			
8		2		5		4		1
1		7	4		5	8		9
5	6						2	4
	9		1		2		6	

정답: 190p

8			7		6			9
	9		3	1	2		4	
		3				7		
9	1		2		5		3	4
	6						5	
4	3		9		7		2	6
		2				4		
	4		8	2	9		7	
3			6		1			5

정답: 190p

122

정답: 190p

123

스도쿠
115

	9	8				3	4	
1			7	8	2			6
6		5				2		1
	5		4		9		1	
	3						6	
	6		2		1		7	
4		9				7		5
3			5	7	4			8
	1	7				6	2	

정답: 191p

	8	6	5	9	3	7		
9	4			7	2		6	
7								9
3			4		1		8	5
6	9						3	1
5	1		2		9			7
1								8
	3		9	2			7	6
		9	6	1	4	3	5	

정답: 191p

스도쿠
117

					9	1	4	
6	7	3	4	2				
4		9			3	7		6
1			2			4	8	
9	4	2				6	7	1
	8	6			4			2
8		4	5			3		7
				3	2	8	6	4
	6	7	1					

정답: 191p

126

6		3			2			1
	1	7		3			4	
				5	1		8	6
1		5	3		8			
	7	4	5		6	8	3	
			4		7	2		5
5	6		1	7				
	4			6		1	5	
9			2			4		7

스도쿠
119

		7	9					5
		4	8	2	7	9		
	8			1			7	2
	3		7		2		4	9
	7	2				3	1	
4	5		6		1		8	
7	4			5			9	
		8	3	7	9	6		
3					4	7		8

정답: 191p

	5		3	1			2	6
3					8			5
	6	7	2	5	9	4	3	
7	1						9	4
		2	5		4	3		
5	4						8	2
	7	4	1	3	2	8	5	
8			7					3
2	3			8	5		4	

정답: 191p

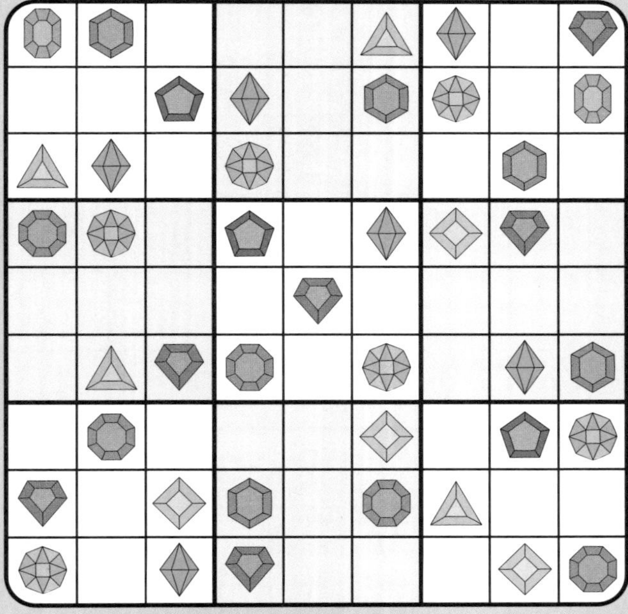

정답: 200p

TIME:

☆☆★★

130

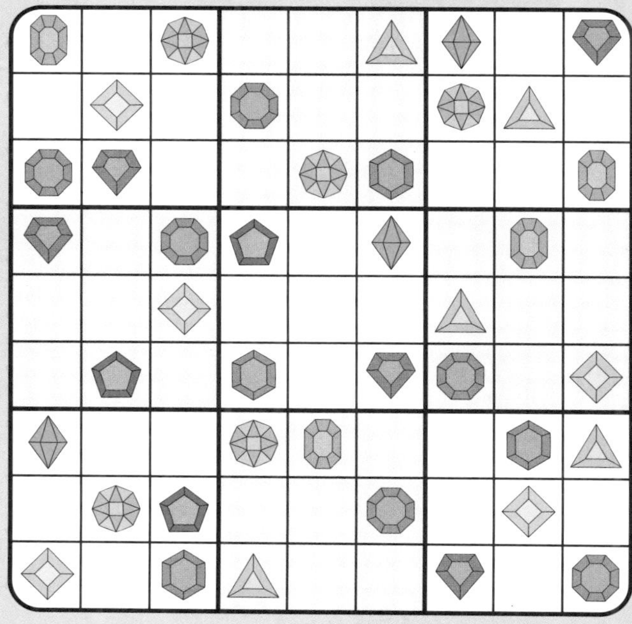

정답: 200p

TIME: ☆☆★★

	7		9		3		8	
2		1				7		3
	5		4	2	7		6	
9		7	3		8	2		6
		2	1		6	4		
4		6	5		2	9		8
	6		7	3	4		2	
3		8				6		1
	2		8		1		9	

정답: 192p

	6	7	1	9		3		
	9				6	7	4	8
8	3			7				9
	2		7		9			5
7		9				2		6
1			8		2		7	
9				1			2	3
6	7	3	2				9	
		8		5	3	4	6	

정답: 192p

133

	9		4	5	1		2	
4			2	7				3
		8				7		
6			8		4		7	2
8	1		6		7		3	9
7	4		9		5			1
		3				1		
1				6	2			8
	7		1	8	3		4	

정답: 192p

				5	3	8		
	5	1		4		2	3	
3	8	4	2		1	9	7	
2		8				4		
1	4			9			5	8
		9				3		1
	7	5	9		4	1	8	2
	9	2		7		5	6	
		3	6	2				

정답: 192p

135

9			4		3			8
	8	1				3	7	
	6		8	7	5		2	
4		5	3		2	8		7
		6				2		
2		3	7		4	1		6
	4		5	9	7		3	
	3	9				7	1	
7			6		1			9

정답: 192p

7			4		3			1
5			7		8			9
	8	4		9		7	3	
8	5		2		4		7	3
		6				1		
3	2		1		7		5	4
	3	5		2		4	9	
2			9		5			6
9			3		6			2

정답: 192p

6				4	1		3	
			8	6		5		7
			7				1	
	4	9						1
7	3						9	4
1						3	5	
	7				6			
9		3		2	8			
	1		5	3				6

정답: 193p

138

		9			6			7
	5	4		7	2		1	8
8			4			3		
		8			1			3
	3	1			7		9	2
7			3			1		
		5			3			1
	1	7		8	4		3	6
4			1			7		

정답: 193p

				1			8	
8		3	7			2		
	4	7	9	8		5	6	
						7	3	
2		6	4		5	8		9
	3	1						
	6	2		7	9	3	5	
		8			3	1		4
	1		4					

정답: 193p

1		4	6	8				5
		6	5	9	7	4	1	
	8	5						
	9	3				7		4
			9		5			
5		2				6	3	
						5	4	
	5	8	7	1	6	9		
2				5	9	8		7

정답: 193p

5	2	1				8	6	4
			1	6				
6			2	4				7
						1		7
	6	9	5		7	4	3	
	5	4						
9				8	4			1
				3	2			
2	8	6				9	4	3

정답: 193p

스도쿠
132

3	9		1	7	5			2
		7				9		3
	4						7	
5			7	9	1			4
7			5		6			9
9			3	4	2			8
	1						2	
2		5				8		
4			8	2	9		3	1

정답: 193p

스도쿠
133

	8	6	4	1	9			
9		3					1	
7	4		3		8			
5		2				8		1
8				4				3
1		4				7		9
			9		5		8	4
	9					3		2
			7	6	3	1		9

정답: 194p

144

3			4					2
	7	9				1	3	
	6		2		1		7	
		6	1	4	2	8		3
				7				
1		5	9	8	6	2		
	2	3	7		8		1	
	8	7				3	2	
4					9			6

정답: 194p

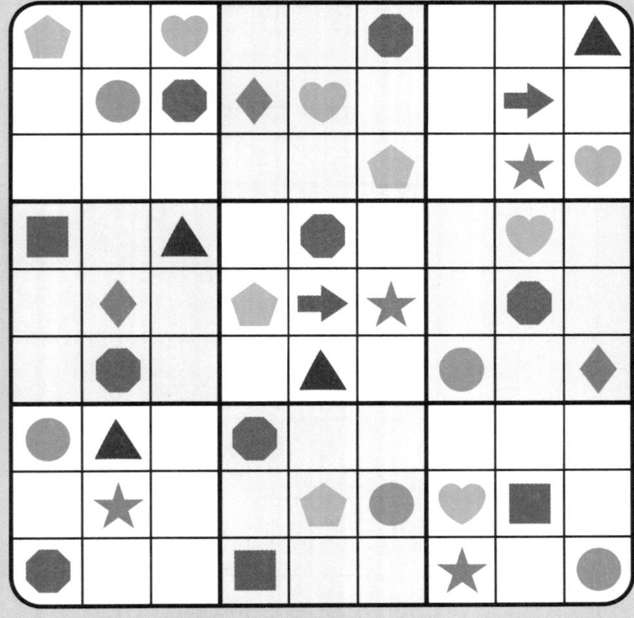

정답: 201p

TIME: ☆☆★★

146

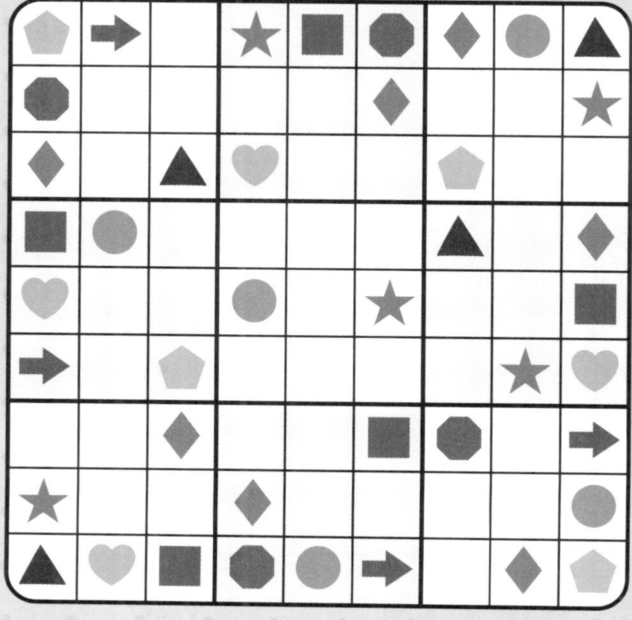

정답: 201p

TIME:

147

스도쿠
135

2	7			9	3	5	4
			5	3			6	
	4	3		2		9		8
	1	5	7		8			
8				6				1
			1		5	8	4	
4		8		3		1	7	
	5		9	7				
7	6	2	5			4	3	

정답: 194p

148

스도쿠
136

<table>
<tr><td>3</td><td></td><td>6</td><td></td><td></td><td>7</td><td>9</td><td></td><td>2</td></tr>
<tr><td></td><td></td><td>7</td><td>6</td><td>9</td><td>8</td><td></td><td></td><td></td></tr>
<tr><td>1</td><td></td><td></td><td></td><td></td><td>4</td><td></td><td>6</td><td>5</td></tr>
<tr><td>6</td><td>5</td><td>8</td><td>9</td><td></td><td>3</td><td></td><td>7</td><td></td></tr>
<tr><td></td><td>7</td><td></td><td></td><td></td><td></td><td></td><td>5</td><td></td></tr>
<tr><td></td><td>1</td><td></td><td>8</td><td></td><td>5</td><td>6</td><td>9</td><td>3</td></tr>
<tr><td>8</td><td>6</td><td></td><td>4</td><td></td><td></td><td></td><td></td><td>7</td></tr>
<tr><td></td><td></td><td></td><td>7</td><td>8</td><td>6</td><td>1</td><td></td><td></td></tr>
<tr><td>7</td><td></td><td>2</td><td>3</td><td></td><td></td><td>8</td><td></td><td>6</td></tr>
</table>

정답: 194p

스도쿠
137

		5		3	1		2	
	4				2	3		7
7		2		9	6		8	
					8	9	3	2
2		8				7		4
3	9	7	5					
	7		1	8		2		3
5		4	3				9	
	1		2	4		5		

정답: 194p

2	1		9	4	7	6		
5					3	7		
7	6		2					1
1	7	5					6	
			3		1			
	3					8	1	4
					2		3	9
		1	5					6
		4	6	7	9		8	5

정답: 194p

	2		8	9			3	
9		8		7				4
				5	3		1	
		6	4		8			7
3	7	1		2		6	4	8
4			1		7	5		
	1		5	4				
6				1		9		5
	5			8	6		7	

정답: 195p

7		3		8	1	9		2
		8	4	6	3	7		
				2				
1	2		7		6		8	
8	7	4				6	1	9
	3		1		8		7	4
				1				
		2	6	7	5	8		
9		7	8	3		1		6

정답: 195p

	5	2	3	7	4	8	9	
	6	3	9			4	7	
			6	8				
5						6	4	7
6		8	4		7	3		1
3	4	7						9
				5	3			
	8	1			6	5	3	
	3	5	1	4	9	7	6	

정답: 195p

8		2		9				
1	4			6		3		8
		9		8	3	5		
9	2	4	3		8		5	
5								3
	8		6		2	7	4	9
		8	7	1		9		
6		3		2			7	5
				3		6		2

정답: 195p

2	3		4		5		1	6
7								8
		1	6	8	2	5		
6		7	8		1	3		4
		9				6		
3		5	2		4	1		9
		2	5	1	7	4		
9								5
5	7		9		6		2	1

정답: 195p

7			1	8	6				3
	3	6			2			4	
		2			9	7	6	1

(스도쿠 퍼즐)

정답: 195p

7	1				5	9		2
		3	9		1	8		7
5	9		8				1	
6	8		3		9	4	2	
				2				
	5	2	6		8		9	1
	6				4		3	8
2		4	1		6	5		
8		9	2				4	6

정답: 196p

158

5		8			3	1		7
	6		2			8	3	
2	7			8	4			5
7		2	9		1		5	
		6				3		
	9		4		7	2		6
1			8	5			4	3
	8	9			2		6	
6		4	3			7		2

정답: 196p

6		7			5			1
	9	5	8	7			2	
				6			4	7
3		1		5			7	
	8		6	2	4		5	
	5			1		9		8
9	1		5					
	4			6	9	7	3	
5			3			4		9

정답: 196p

6	3		7	5	2	9	8	1
2					9			7
9		1	4			6		
5	8					1		9
4			8		7			5
3		6					7	4
		9			5	2		3
7			9					8
1	4	5	2	8	3		9	6

정답: 196p

스도쿠
149

5	2		3		7		1	8
3				9				4
			4		5			
9		8		5		7		1
	6		9		8		5	
4		2		7		6		9
			7		4			
8				1				2
6	4		2		9		3	5

정답: 196p

스도쿠
150

	8			5	7	9		
			4		9	8		7
5	7		3					
3	6					5	9	
7				9				8
	9	5					3	2
					5		4	1
9		1	6		4			
		4	7	2			8	

정답: 196p

5	2		4	6	7		1	8
				1				
		9				5		
8	7		1		6		9	3
	9			3			2	
2	3		7		5		8	1
		7				8		
				4				
4	1		6	7	2		5	9

정답: 197p

1		9		3		5		2
6	8		5		2		9	7
		2				8		
	3		8		5		7	
		8				3		
	7		3		4		2	
		5				4		
3	1		4		9		8	6
9		4		8		7		3

정답: 197p

3	8		1	5	9		4	7
4		7				2		1
	1						8	
1			9		5			3
9								8
7			3		4			6
	3						9	
8		4				1		5
6	5		4	7	1		3	2

정답: 197p

166

		2				6		3
			8	4	3			
3				2				9
	5		3		6		9	
	7	9				1	3	
	4		9		1		7	
8				3				5
			1	9	2			
9		4				7		

정답: 197p

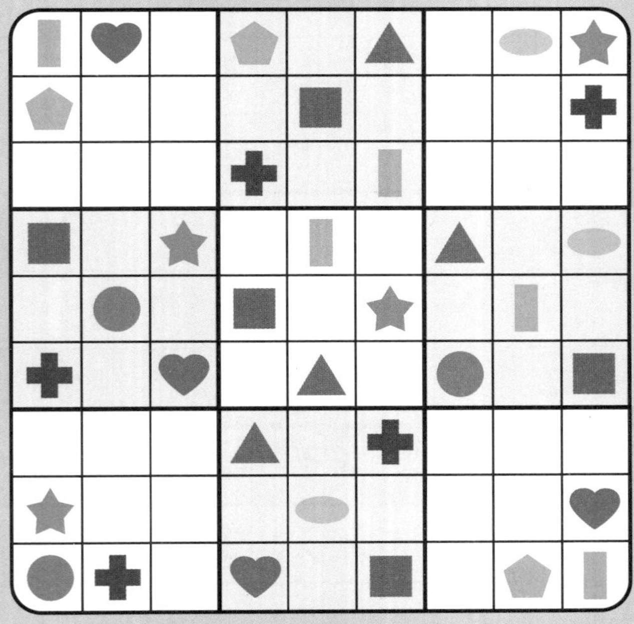

정답: 201p

TIME: ☆☆★★

168

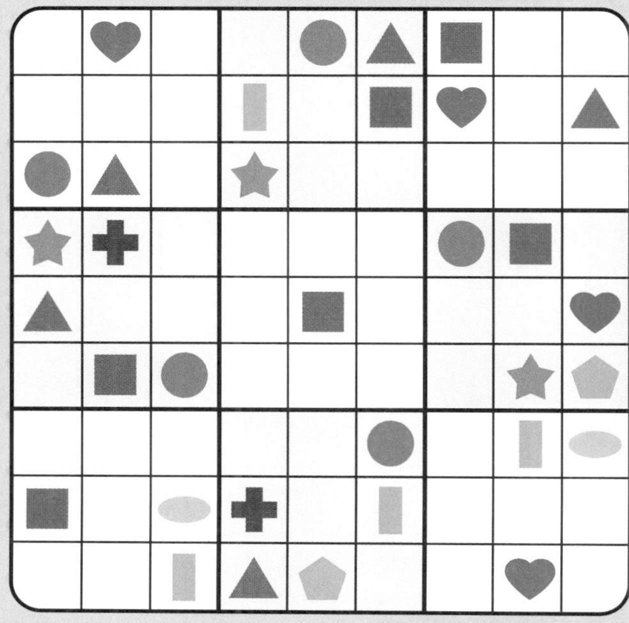

정답: 201p

TIME:　　　☆☆★★

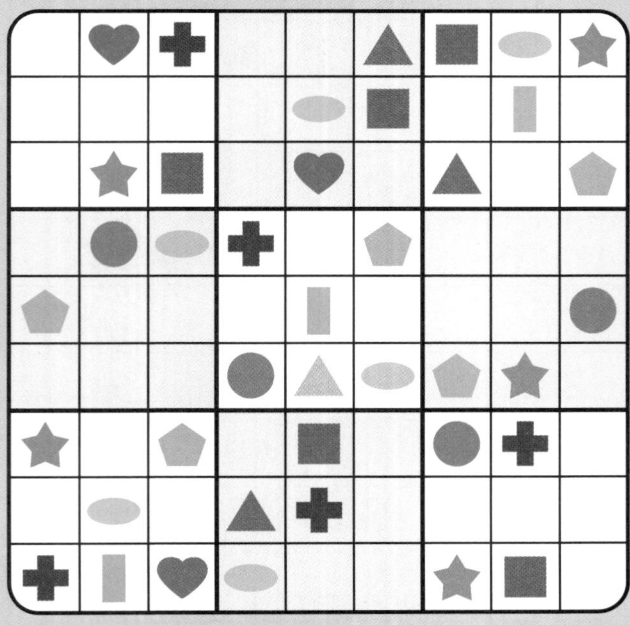

TIME: ☆☆★★

170

Answer
정답

001

3	1	2	4
4	2	3	1
2	4	1	3
1	3	4	2

002

4	2	3	1
3	1	4	2
1	4	2	3
2	3	1	4

003

3	1	4	2
4	2	3	1
2	4	1	3
1	3	2	4

004

3	2	4	1
4	1	3	2
1	4	2	3
2	3	1	4

005

4	3	1	2
2	1	3	4
3	4	2	1
1	2	4	3

006

4	3	2	1
1	2	3	4
3	1	4	2
2	4	1	3

007

1	3	2	4
4	2	3	1
2	4	1	3
3	1	4	2

008

4	1	2	3
3	2	1	4
2	3	4	1
1	4	3	2

009

1	2	3	4
4	3	2	1
3	4	1	2
2	1	4	3

010

3	1	2	4
2	4	1	3
4	2	3	1
1	3	4	2

011

1	3	4	2
2	4	3	1
3	2	1	4
4	1	2	3

012

1	2	3	4
4	3	2	1
2	4	1	3
3	1	4	2

013

3	2	1	4
1	4	2	3
4	1	3	2
2	3	4	1

014

4	2	1	3
1	3	2	4
3	1	4	2
2	4	3	1

015

4	1	2	3
3	2	1	4
1	4	3	2
2	3	4	1

016

1	2	4	3
3	4	1	2
2	1	3	4
4	3	2	1

017

4	1	2	3
2	3	1	4
1	4	3	2
3	2	4	1

018

2	3	1	4
4	1	2	3
3	2	4	1
1	4	3	2

019

2	3	4	1
4	1	3	2
1	4	2	3
3	2	1	4

020

3	1	2	4
2	4	3	1
1	2	4	3
4	3	1	2

021

4	3	1	2
2	1	3	4
3	2	4	1
1	4	2	3

022

3	4	2	1
2	1	3	4
4	2	1	3
1	3	4	2

023

1	3	4	2
2	4	3	1
4	1	2	3
3	2	1	4

024

3	1	2	4
2	4	3	1
1	3	4	2
4	2	1	3

025

4	3	1	2
2	1	3	4
3	4	2	1
1	2	4	3

026

1	4	2	3
2	3	1	4
4	1	3	2
3	2	4	1

027

4	2	1	3
3	1	2	4
1	4	3	2
2	3	4	1

028

3	1	2	4
2	4	3	1
1	2	4	3
4	3	1	2

029

1	2	3	4
4	3	2	1
3	1	4	2
2	4	1	3

030

4	2	3	1
3	1	4	2
1	4	2	3
2	3	1	4

031

3	4	2	1
2	1	3	4
1	3	4	2
4	2	1	3

032

2	4	3	1
3	1	2	4
1	3	4	2
4	2	1	3

033

2	3	6	1	4	5
4	1	5	3	6	2
3	5	1	6	2	4
6	2	4	5	3	1
1	6	2	4	5	3
5	4	3	2	1	6

034

3	6	2	1	5	4
5	4	1	3	2	6
2	3	5	4	6	1
4	1	6	5	3	2
6	5	4	2	1	3
1	2	3	6	4	5

035

5	2	6	3	1	4
1	4	3	2	5	6
6	3	1	5	4	2
4	5	2	1	6	3
2	6	5	4	3	1
3	1	4	6	2	5

036

4	1	6	3	5	2
2	5	3	6	1	4
1	3	2	4	6	5
6	4	5	1	2	3
6	5	4	2	3	1
3	2	1	5	4	6

037

2	4	6	1	5	3
1	5	3	6	2	4
3	6	4	2	1	5
5	2	1	3	4	6
6	1	5	4	3	2
4	3	2	5	6	1

038

5	2	6	3	1	4
3	1	4	6	5	2
4	3	1	5	2	6
6	5	2	1	4	3
2	6	5	4	3	1
1	4	3	2	6	5

039

1	6	2	4	3	5
3	4	5	2	6	1
5	3	1	6	4	2
4	2	6	5	1	3
6	5	3	1	2	4
2	1	4	3	5	6

040

5	6	2	3	4	1
3	4	1	5	2	6
1	5	4	6	3	2
6	2	3	1	5	4
4	1	5	2	6	3
2	3	6	4	1	5

041

5	6	4	2	3	1
1	3	2	6	5	4
3	4	5	1	2	6
2	1	6	5	4	3
4	5	1	3	6	2
6	2	3	4	1	5

042

2	1	6	3	5	4
5	4	3	2	6	1
4	5	2	1	3	6
6	3	1	5	4	2
1	6	5	4	2	3
3	2	4	6	1	5

043

6	2	1	4	5	3
3	5	4	2	6	1
2	4	6	3	1	5
1	3	5	6	4	2
5	6	2	1	3	4
4	1	3	5	2	6

044

3	2	4	6	5	1
6	1	5	2	3	4
1	5	2	3	4	6
4	3	6	5	1	2
2	4	3	1	6	5
5	6	1	4	2	3

045

5	6	4	3	2	1
3	2	1	5	6	4
6	5	3	4	1	2
1	4	2	6	5	3
2	3	6	1	4	5
4	1	5	2	3	6

046

6	3	4	1	2	5
1	5	2	6	3	4
3	1	5	2	4	6
2	4	6	3	5	1
4	2	1	5	6	3
5	6	3	4	1	2

047

4	6	3	5	1	2
5	2	1	6	4	3
2	4	5	1	3	6
3	1	6	4	2	5
6	3	4	2	5	1
1	5	2	3	6	4

048

3	5	4	1	2	6
2	6	1	3	5	4
4	3	6	2	1	5
1	2	5	4	6	3
6	4	2	5	3	1
5	1	3	6	4	2

049

5	3	6	2	4	1
2	1	4	3	6	5
4	6	2	1	5	3
1	5	3	4	2	6
3	4	5	6	1	2
6	2	1	5	3	4

050

4	5	3	6	1	2
2	6	1	3	5	4
3	2	5	4	6	1
1	4	6	2	3	5
5	3	4	1	2	6
6	1	2	5	4	3

051

1	4	6	2	5	3
2	5	3	4	1	6
5	2	4	6	3	1
3	6	1	5	2	4
6	3	2	1	4	5
4	1	5	3	6	2

052

2	5	6	4	3	1
3	4	1	5	6	2
5	2	4	6	1	3
1	6	3	2	4	5
6	3	2	1	5	4
4	1	5	3	2	6

053

2	3	1	4	5	6
5	6	4	3	2	1
1	2	3	5	6	4
4	5	6	2	1	3
6	4	2	1	3	5
3	1	5	6	4	2

054

4	2	3	6	1	5
1	6	5	3	4	2
3	5	1	2	6	4
6	4	2	5	3	1
2	3	4	1	5	6
5	1	6	4	2	3

055

1	4	6	5	2	3
2	3	5	1	6	4
3	1	2	6	4	5
6	5	4	2	3	1
5	2	3	4	1	6
4	6	1	3	5	2

056

3	2	6	4	5	1
4	1	5	3	6	2
6	3	1	5	2	4
2	5	4	6	1	3
1	6	3	2	4	5
5	4	2	1	3	6

057

3	2	5	4	6	1
4	6	1	3	5	2
6	5	4	1	2	3
1	3	2	5	4	6
5	1	6	2	3	4
2	4	3	6	1	5

058

4	6	1	2	5	3
5	3	2	1	4	6
3	2	6	4	1	5
1	4	5	3	6	2
6	4	3	5	2	1
2	1	5	6	3	4

059

1	3	6	4	5	2
4	2	5	1	3	6
5	6	2	3	4	1
3	4	1	6	2	5
2	1	3	5	6	4
6	5	4	2	1	3

060

6	1	3	5	4	2
4	2	5	3	6	1
3	6	4	2	1	5
2	5	1	6	4	3
1	4	2	5	3	6
5	3	6	1	2	4

061

6	5	3	4	1	2
2	4	1	3	5	6
1	6	4	5	2	3
5	3	2	6	4	1
3	2	5	1	6	4
4	1	6	2	3	5

062

5	3	2	6	1	4
6	4	1	5	3	2
4	5	3	2	6	1
2	1	6	3	4	5
3	2	4	1	5	6
1	6	5	4	2	3

063

3	5	1	6	2	4
6	4	2	1	3	5
2	6	3	5	4	1
4	1	5	2	6	3
5	2	4	3	1	6
1	3	6	4	5	2

064

2	6	1	3	5	4
4	3	5	2	1	6
6	2	3	5	4	1
5	1	4	6	3	2
3	4	2	1	6	5
1	5	6	4	2	3

Level 2

065

5	1	6	3	4	2
3	4	2	6	1	5
4	2	5	1	3	6
1	6	3	2	5	4
6	3	4	5	2	1
2	5	1	4	6	3

066

4	1	2	3	6	5
6	3	5	1	2	4
2	4	3	5	1	6
1	5	6	4	3	2
3	2	4	6	5	1
5	6	1	2	4	3

067

4	1	2	6	5	3
5	6	3	1	2	4
3	2	4	5	1	6
1	5	6	4	3	2
6	3	1	2	4	5
2	4	5	3	6	1

068

6	2	5	3	4	1
4	3	1	6	5	2
2	5	3	1	6	4
1	4	6	5	2	3
3	6	4	2	1	5
5	1	2	4	3	6

069

2	4	1	5	3	6
3	6	5	2	4	1
6	1	4	3	5	2
5	2	3	6	1	4
1	3	6	4	2	5
4	5	2	1	6	3

070

4	6	1	3	2	5
2	5	3	4	1	6
1	3	2	5	6	4
6	4	5	1	3	2
3	2	4	6	5	1
5	1	6	2	4	3

071

4	6	2	3	5	1
3	5	1	4	6	2
5	4	6	1	2	3
1	2	3	6	4	5
6	1	5	2	3	4
2	3	4	5	1	6

072

1	6	4	5	2	3
3	2	5	1	6	4
5	1	4	6	3	2
6	3	2	4	5	1
2	5	1	3	4	6
4	6	3	2	1	5

073

5	2	3	6	4	1
6	4	1	3	2	5
4	3	5	2	1	6
1	6	2	5	3	4
3	5	4	1	6	2
2	1	6	4	5	3

074

3	2	1	6	5	4
5	6	4	3	2	1
1	3	6	2	4	5
4	5	2	1	3	6
2	1	5	4	6	3
6	4	3	5	1	2

075

6	1	2	3	5	4
3	4	5	1	6	2
2	6	3	4	1	5
4	5	1	2	3	6
1	2	6	5	4	3
5	3	4	6	2	1

076

3	2	5	6	1	4
4	1	6	2	3	5
5	3	1	4	6	2
2	6	4	3	5	1
1	4	3	5	2	6
6	5	2	1	4	3

077

5	1	6	2	3	4
4	3	2	1	6	5
1	5	4	6	2	3
6	2	3	5	4	1
2	4	1	3	5	6
3	6	5	4	1	2

078

1	6	4	3	2	5
3	2	5	6	4	1
5	4	2	1	3	6
6	3	1	2	5	4
4	1	3	5	6	2
2	5	6	4	1	3

079

4	1	3	6	5	2
2	6	5	4	1	3
1	5	6	3	2	4
3	4	2	5	6	1
6	3	1	2	4	5
5	2	4	1	3	6

080

4	5	1	6	3	2
6	2	3	1	5	4
2	1	5	3	4	6
3	6	4	2	1	5
5	3	6	4	2	1
1	4	2	6	5	3

081

1	6	5	2	3	4
3	4	2	5	1	6
4	2	6	1	5	3
5	1	3	6	4	2
2	5	4	3	6	1
6	3	1	4	2	5

082

3	1	6	2	5	4
4	5	2	3	1	6
6	2	5	4	3	1
1	4	3	5	6	2
5	6	4	1	2	3
2	3	1	6	4	5

083

6	4	2	5	3	1
1	3	5	4	2	6
5	2	1	3	6	4
3	6	4	1	5	2
4	5	6	2	1	3
2	1	3	6	4	5

084

6	3	2	5	4	1
5	4	1	3	2	6
3	2	4	1	6	5
1	5	6	4	3	2
2	1	3	6	5	4
4	6	5	2	1	3

085

6	1	3	4	2	5
5	4	2	3	1	6
3	5	6	1	4	2
1	2	4	6	5	3
4	3	5	2	6	1
2	6	1	5	3	4

086

3	1	6	2	4	5
2	4	5	1	6	3
5	6	1	4	3	2
4	3	2	5	1	6
1	5	3	6	2	4
6	2	4	3	5	1

087

2	5	1	6	7	4	8	9	3
6	3	9	1	8	2	7	4	5
8	4	7	5	9	3	1	2	6
3	1	8	4	2	7	5	6	9
7	9	2	3	6	5	4	1	8
4	6	5	8	1	9	2	3	7
1	2	3	9	5	8	6	7	4
5	7	4	2	3	6	9	8	1
9	8	6	7	4	1	3	5	2

088

2	1	8	4	7	9	5	3	6
9	3	5	6	2	1	8	7	4
7	4	6	3	5	8	9	2	1
8	6	1	7	4	5	2	9	3
3	7	4	9	6	2	1	8	5
5	9	2	8	1	3	6	4	7
1	8	7	5	9	4	3	6	2
6	5	3	2	8	7	4	1	9
4	2	9	1	3	6	7	5	8

089

7	5	8	2	3	9	1	4	6
1	6	9	7	5	4	2	3	8
2	4	3	1	6	8	5	9	7
9	8	5	6	4	7	3	2	1
3	1	7	8	9	2	4	6	5
4	2	6	3	1	5	8	7	9
8	9	4	5	7	3	6	1	2
5	7	1	4	2	6	9	8	3
6	3	2	9	8	1	7	5	4

090

8	9	1	3	2	4	7	5	6
5	6	4	7	9	8	2	3	1
2	7	3	6	1	5	4	8	9
6	2	7	8	3	1	5	9	4
4	8	5	9	7	6	1	2	3
3	1	9	4	5	2	6	7	8
1	3	6	5	8	7	9	4	2
7	4	8	2	6	9	3	1	5
9	5	2	1	4	3	8	6	7

091

6	9	2	5	7	3	8	1	4
1	7	8	9	2	4	5	6	3
4	3	5	6	1	8	7	2	9
9	6	4	7	8	5	2	3	1
3	8	7	1	9	2	6	4	5
5	2	1	3	6	4	9	8	7
8	5	6	9	3	1	4	7	2
7	1	9	2	4	6	3	5	8
2	4	3	8	5	7	1	9	6

092

8	9	3	6	4	7	2	1	5
2	1	7	8	5	9	4	6	3
4	5	6	2	1	3	7	8	9
5	2	9	7	3	1	6	4	8
3	6	4	9	2	8	5	7	1
1	7	8	5	6	4	3	9	2
7	3	2	1	8	6	9	5	4
9	4	1	3	7	5	8	2	6
6	8	5	4	9	2	1	3	7

093

3	8	4	6	1	5	7	9	2
7	2	5	3	9	4	1	6	8
9	1	6	2	8	7	4	5	3
2	9	8	7	4	6	3	1	5
5	7	1	9	2	3	8	4	6
6	4	3	8	5	1	9	2	7
1	6	9	5	7	8	2	3	4
8	3	2	4	6	9	5	7	1
4	5	7	1	3	2	6	8	9

094

4	9	3	8	1	5	2	6	7
6	8	1	2	4	7	5	9	3
5	7	2	9	3	6	8	4	1
7	1	4	6	5	9	3	2	8
3	6	8	4	2	1	9	7	5
2	5	9	7	8	3	4	1	6
9	3	5	1	7	2	6	8	4
1	4	6	5	9	8	7	3	2
8	2	7	3	6	4	1	5	9

095

6	1	2	8	7	5	9	4	3
8	4	7	9	3	1	6	5	2
9	3	5	2	4	6	8	1	7
4	8	6	3	9	2	1	7	5
7	5	3	1	6	8	2	9	4
1	2	9	7	5	4	3	6	8
3	7	4	6	2	9	5	8	1
2	6	8	5	1	7	4	3	9
5	9	1	4	8	3	7	2	6

096

7	1	2	6	3	9	5	8	4
3	5	9	1	4	8	6	7	2
4	8	6	2	5	7	9	3	1
9	2	8	3	7	5	1	4	6
1	3	5	9	6	4	8	2	7
6	4	7	8	2	1	3	5	9
8	7	1	4	9	3	2	6	5
5	6	3	7	1	2	4	9	8
2	9	4	5	8	6	7	1	3

097

7	9	1	6	8	4	3	2	5
8	2	3	7	1	5	6	4	9
6	4	5	9	2	3	1	7	8
9	6	4	3	5	2	7	8	1
1	5	7	8	4	6	9	3	2
3	8	2	1	9	7	4	5	6
4	7	8	5	6	1	2	9	3
5	3	6	2	7	9	8	1	4
2	1	9	4	3	8	5	6	7

098

8	6	5	7	2	4	3	1	9
2	9	1	3	8	6	5	4	7
3	7	4	9	5	1	8	2	6
4	5	6	1	7	9	2	3	8
7	3	2	5	6	8	4	9	1
9	1	8	4	3	2	7	6	5
5	4	7	6	9	3	1	8	2
1	8	9	2	4	7	6	5	3
6	2	3	8	1	5	9	7	4

099

9	6	1	3	7	5	8	2	4
5	2	7	8	6	4	9	3	1
4	8	3	9	2	1	6	7	5
8	1	6	2	3	7	5	4	9
3	5	9	1	4	8	7	6	2
2	7	4	6	5	9	3	1	8
7	9	2	5	1	6	4	8	3
1	4	8	7	9	3	2	5	6
6	3	5	4	8	2	1	9	7

100

1	2	6	4	8	5	9	7	3
3	4	8	7	2	9	5	1	6
5	7	9	3	6	1	2	8	4
7	9	5	2	3	4	1	6	8
4	8	1	9	5	6	7	3	2
6	3	2	8	1	7	4	5	9
9	6	4	1	7	3	8	2	5
2	1	3	5	9	8	6	4	7
8	5	7	6	4	2	3	9	1

101

1	9	8	7	4	6	3	2	5
3	2	7	5	9	1	4	8	6
6	4	5	2	3	8	9	1	7
5	3	9	1	8	7	2	6	4
2	1	4	9	6	3	7	5	8
7	8	6	4	2	5	1	9	3
4	7	2	6	5	9	8	3	1
9	5	3	8	1	4	6	7	2
8	6	1	3	7	2	5	4	9

102

8	5	3	1	4	2	7	6	9
2	4	9	6	7	8	3	1	5
1	6	7	5	3	9	8	2	4
6	9	1	3	5	7	2	4	8
4	8	2	9	1	6	5	3	7
7	3	5	8	2	4	1	9	6
5	2	4	7	6	3	9	8	1
9	7	6	2	8	1	4	5	3
3	1	8	4	9	5	6	7	2

103

1	7	9	6	3	8	2	5	4
8	2	5	4	1	7	3	6	9
4	3	6	9	5	2	1	7	8
7	9	8	5	2	3	6	4	1
2	5	4	8	6	1	9	3	7
6	1	3	7	4	9	5	8	2
9	8	1	3	7	5	4	2	6
5	4	2	1	8	6	7	9	3
3	6	7	2	9	4	8	1	5

104

4	2	8	6	9	1	7	3	5
3	5	9	8	4	7	6	2	1
7	6	1	2	5	3	8	9	4
6	3	5	9	1	8	4	7	2
1	7	4	5	6	2	9	8	3
9	8	2	7	3	4	5	1	6
5	9	3	1	8	6	2	4	7
2	1	6	4	7	9	3	5	8
8	4	7	3	2	5	1	6	9

105

6	2	3	5	8	9	1	4	7
7	5	4	3	2	1	9	6	8
8	1	9	6	7	4	5	3	2
9	6	5	2	3	7	4	8	1
2	3	1	8	4	5	6	7	9
4	8	7	1	9	6	2	5	3
5	7	2	4	1	3	8	9	6
1	9	6	7	5	8	3	2	4
3	4	8	9	6	2	7	1	5

106

4	2	5	8	9	1	3	7	6
3	6	9	2	7	5	8	1	4
8	1	7	3	4	6	5	2	9
6	4	8	7	3	2	9	5	1
1	9	3	6	5	8	7	4	2
5	7	2	9	1	4	6	3	8
2	3	6	1	8	7	4	9	5
7	5	1	4	6	9	2	8	3
9	8	4	5	2	3	1	6	7

107

5	9	3	1	2	8	4	6	7
6	2	1	5	4	7	8	9	3
4	7	8	3	6	9	1	5	2
8	1	2	6	9	4	7	3	5
3	4	9	2	7	5	6	1	8
7	6	5	8	1	3	9	2	4
9	5	6	7	8	2	3	4	1
1	3	7	4	5	6	2	8	9
2	8	4	9	3	1	5	7	6

108

4	6	9	8	5	2	7	1	3
8	1	3	6	7	9	2	4	5
2	7	5	3	4	1	8	6	9
3	4	1	9	2	6	5	8	7
9	2	7	5	8	4	1	3	6
5	8	6	7	1	3	9	2	4
1	3	4	2	9	5	6	7	8
7	9	2	4	6	8	3	5	1
6	5	8	1	3	7	4	9	2

109

5	7	6	9	1	4	3	8	2
9	1	2	7	3	8	6	5	4
3	8	4	5	6	2	7	9	1
6	9	1	3	5	7	2	4	8
7	4	5	8	2	1	9	6	3
2	3	8	4	9	6	5	1	7
4	6	7	2	8	9	1	3	5
8	5	9	1	7	3	4	2	6
1	2	3	6	4	5	8	7	9

110

3	9	8	5	6	1	4	2	7
7	2	1	8	9	4	3	6	5
4	5	6	2	3	7	9	1	8
8	1	4	6	5	9	7	3	2
5	3	9	7	8	2	1	4	6
6	7	2	4	1	3	8	5	9
9	6	5	1	4	8	2	7	3
2	4	3	9	7	6	5	8	1
1	8	7	3	2	5	6	9	4

111

6	3	1	5	2	9	7	4	8
4	5	9	7	1	8	6	2	3
7	8	2	6	4	3	9	1	5
2	6	8	1	5	7	4	3	9
9	1	5	2	3	4	8	7	6
3	7	4	9	8	6	1	5	2
1	2	7	8	6	5	3	9	4
8	9	3	4	7	2	5	6	1
5	4	6	3	9	1	2	8	7

112

4	5	3	7	9	6	2	1	8
2	7	9	5	1	8	3	4	6
6	8	1	3	2	4	9	5	7
9	4	6	2	7	1	5	8	3
7	1	5	8	4	3	6	9	2
8	3	2	6	5	9	4	7	1
1	2	7	4	6	5	8	3	9
5	6	8	9	3	7	1	2	4
3	9	4	1	8	2	7	6	5

113

8	2	4	7	5	6	3	1	9
7	9	6	3	1	2	5	4	8
1	5	3	4	9	8	7	6	2
9	1	7	2	6	5	8	3	4
2	6	8	1	3	4	9	5	7
4	3	5	9	8	7	1	2	6
6	8	2	5	7	3	4	9	1
5	4	1	8	2	9	6	7	3
3	7	9	6	4	1	2	8	5

114

4	5	8	9	6	7	3	2	1
7	2	1	5	3	4	9	6	8
3	6	9	8	2	1	4	7	5
8	1	5	3	7	6	2	4	9
2	3	4	1	9	5	6	8	7
6	9	7	2	4	8	5	1	3
9	8	3	4	1	2	7	5	6
1	4	6	7	5	9	8	3	2
5	7	2	6	8	3	1	9	4

115

2	9	8	6	1	5	3	4	7
1	4	3	7	8	2	9	5	6
6	7	5	9	4	3	2	8	1
7	5	2	4	6	9	8	1	3
9	3	1	8	5	7	4	6	2
8	6	4	2	3	1	5	7	9
4	8	9	1	2	6	7	3	5
3	2	6	5	7	4	1	9	8
5	1	7	3	9	8	6	2	4

116

2	8	6	5	9	3	7	1	4
9	4	1	8	7	2	5	6	3
7	5	3	1	4	6	8	2	9
3	2	7	4	6	1	9	8	5
6	9	4	7	8	5	2	3	1
5	1	8	2	3	9	6	4	7
1	6	2	3	5	7	4	9	8
4	3	5	9	2	8	1	7	6
8	7	9	6	1	4	3	5	2

117

2	5	8	6	7	9	1	4	3
6	7	3	4	2	1	9	5	8
4	1	9	8	5	3	7	2	6
1	3	5	2	6	7	4	8	9
9	4	2	3	8	5	6	7	1
7	8	6	9	1	4	5	3	2
8	2	4	5	9	6	3	1	7
5	9	1	7	3	2	8	6	4
3	6	7	1	4	8	2	9	5

118

6	5	3	8	4	2	7	9	1
8	1	7	6	3	9	5	4	2
4	2	9	7	5	1	3	8	6
1	9	5	3	2	8	6	7	4
2	7	4	5	1	6	8	3	9
3	8	6	4	9	7	2	1	5
5	6	8	1	7	4	9	2	3
7	4	2	9	6	3	1	5	8
9	3	1	2	8	5	4	6	7

119

1	2	7	9	4	3	8	6	5
5	6	4	8	2	7	9	3	1
9	8	3	5	1	6	4	7	2
6	3	1	7	8	2	5	4	9
8	7	2	4	9	5	3	1	6
4	5	9	6	3	1	2	8	7
7	4	6	2	5	8	1	9	3
2	1	8	3	7	9	6	5	4
3	9	5	1	6	4	7	2	8

120

4	5	8	3	1	7	9	2	6
3	2	9	4	6	8	1	7	5
1	6	7	2	5	9	4	3	8
7	1	6	8	2	3	5	9	4
9	8	2	5	7	4	3	6	1
5	4	3	6	9	1	7	8	2
6	7	4	1	3	2	8	5	9
8	9	5	7	4	6	2	1	3
2	3	1	9	8	5	6	4	7

121

6	7	4	9	1	3	5	8	2
2	9	1	6	8	5	7	4	3
8	5	3	4	2	7	1	6	9
9	1	7	3	4	8	2	5	6
5	8	2	1	9	6	4	3	7
4	3	6	5	7	2	9	1	8
1	6	9	7	3	4	8	2	5
3	4	8	2	5	9	6	7	1
7	2	5	8	6	1	3	9	4

122

4	6	7	1	9	8	3	5	2
5	9	1	3	2	6	7	4	8
8	3	2	4	7	5	6	1	9
3	2	4	7	6	9	1	8	5
7	8	9	5	4	1	2	3	6
1	5	6	8	3	2	9	7	4
9	4	5	6	1	7	8	2	3
6	7	3	2	8	4	5	9	1
2	1	8	9	5	3	4	6	7

123

3	9	7	4	5	1	8	2	6
4	6	1	2	7	8	9	5	3
5	2	8	3	9	6	7	1	4
6	3	9	8	1	4	5	7	2
8	1	5	6	2	7	4	3	9
7	4	2	9	3	5	6	8	1
2	8	3	5	4	9	1	6	7
1	5	4	7	6	2	3	9	8
9	7	6	1	8	3	2	4	5

124

9	2	6	7	5	3	8	1	4
7	5	1	8	4	9	2	3	6
3	8	4	2	6	1	9	7	5
2	3	8	5	1	6	4	9	7
1	4	7	3	9	2	6	5	8
5	6	9	4	8	7	3	2	1
6	7	5	9	3	4	1	8	2
4	9	2	1	7	8	5	6	3
8	1	3	6	2	5	7	4	9

125

9	2	7	4	1	3	5	6	8
5	8	1	9	2	6	3	7	4
3	6	4	8	7	5	9	2	1
4	1	5	3	6	2	8	9	7
8	7	6	1	5	9	2	4	3
2	9	3	7	8	4	1	5	6
1	4	8	5	9	7	6	3	2
6	3	9	2	4	8	7	1	5
7	5	2	6	3	1	4	8	9

126

7	9	2	4	5	3	8	6	1
5	6	3	7	1	8	2	4	9
1	8	4	6	9	2	7	3	5
8	5	1	2	6	4	9	7	3
4	7	6	5	3	9	1	2	8
3	2	9	1	8	7	6	5	4
6	3	5	8	2	1	4	9	7
2	4	8	9	7	5	3	1	6
9	1	7	3	4	6	5	8	2

127

6	5	7	2	4	1	8	3	9
2	9	1	8	6	3	5	4	7
3	8	4	7	5	9	6	1	2
5	4	9	3	8	2	7	6	1
7	3	8	6	1	5	2	9	4
1	2	6	9	7	4	3	5	8
8	7	5	1	9	6	4	2	3
9	6	3	4	2	8	1	7	5
4	1	2	5	3	7	9	8	6

128

1	2	9	8	3	6	4	5	7
3	5	4	9	7	2	6	1	8
8	7	6	4	1	5	3	2	9
6	4	8	2	9	1	5	7	3
5	3	1	6	4	7	8	9	2
7	9	2	3	5	8	1	6	4
9	8	5	7	6	3	2	4	1
2	1	7	5	8	4	9	3	6
4	6	3	1	2	9	7	8	5

129

6	2	5	3	1	4	9	8	7
8	9	3	7	5	6	2	4	1
1	4	7	9	8	2	5	6	3
5	8	4	2	9	1	7	3	6
2	7	6	4	3	5	8	1	9
9	3	1	8	6	7	4	2	5
4	6	2	1	7	9	3	5	8
7	5	8	6	2	3	1	9	4
3	1	9	5	4	8	6	7	2

130

1	7	4	6	8	2	3	9	5
3	2	6	5	9	7	4	1	8
9	8	5	1	4	3	2	7	6
8	9	3	2	6	1	7	5	4
6	4	7	9	3	5	1	8	2
5	1	2	8	7	4	6	3	9
7	6	9	3	2	8	5	4	1
4	5	8	7	1	6	9	2	3
2	3	1	4	5	9	8	6	7

131

5	2	1	3	7	9	8	6	4
3	4	7	1	6	8	5	9	2
6	9	8	2	4	5	3	1	7
8	3	2	4	9	6	1	7	5
1	6	9	5	2	7	4	3	8
7	5	4	8	1	3	6	2	9
9	7	3	6	8	4	2	5	1
4	1	5	9	3	2	7	8	6
2	8	6	7	5	1	9	4	3

132

3	9	8	1	7	5	6	4	2
1	5	7	2	6	4	9	8	3
6	4	2	9	3	8	1	7	5
5	8	3	7	9	1	2	6	4
7	2	4	5	8	6	3	1	9
9	6	1	3	4	2	7	5	8
8	1	9	6	5	3	4	2	7
2	3	5	4	1	7	8	9	6
4	7	6	8	2	9	5	3	1

133

2	8	6	4	1	9	5	3	7
9	5	3	2	7	6	4	1	8
7	4	1	3	5	8	9	2	6
5	3	2	6	9	7	8	4	1
8	7	9	5	4	1	2	6	3
1	6	4	8	3	2	7	5	9
3	1	7	9	2	5	6	8	4
6	9	5	1	8	4	3	7	2
4	2	8	7	6	3	1	9	5

134

3	1	8	4	9	7	5	6	2
2	7	9	8	6	5	1	3	4
5	6	4	2	3	1	9	7	8
7	9	6	1	4	2	8	5	3
8	4	2	5	7	3	6	9	1
1	3	5	9	8	6	2	4	7
6	2	3	7	5	8	4	1	9
9	8	7	6	1	4	3	2	5
4	5	1	3	2	9	7	8	6

135

6	2	7	8	1	9	3	5	4
1	8	9	4	5	3	7	6	2
5	4	3	6	2	7	9	1	8
9	1	5	7	4	8	6	2	3
8	7	4	3	6	2	5	9	1
2	3	6	1	9	5	8	4	7
4	9	8	2	3	6	1	7	5
3	5	1	9	7	4	2	8	6
7	6	2	5	8	1	4	3	9

136

3	4	6	5	1	7	9	8	2
5	2	7	6	9	8	3	1	4
1	8	9	2	3	4	7	6	5
6	5	8	9	4	3	2	7	1
9	7	3	1	6	2	4	5	8
2	1	4	8	7	5	6	9	3
8	6	1	4	2	9	5	3	7
4	3	5	7	8	6	1	2	9
7	9	2	3	5	1	8	4	6

137

6	8	5	7	3	1	4	2	9
1	4	9	8	5	2	3	6	7
7	3	2	4	9	6	1	8	5
4	5	1	6	7	8	9	3	2
2	6	8	9	1	3	7	5	4
3	9	7	5	2	4	6	1	8
9	7	6	1	8	5	2	4	3
5	2	4	3	6	7	8	9	1
8	1	3	2	4	9	5	7	6

138

2	1	3	9	4	7	6	5	8
5	4	8	1	6	3	7	9	2
7	6	9	2	8	5	3	4	1
1	7	5	4	2	8	9	6	3
4	8	6	3	9	1	5	2	7
9	3	2	7	5	6	8	1	4
6	5	7	8	1	2	4	3	9
8	9	1	5	3	4	2	7	6
3	2	4	6	7	9	1	8	5

139

1	2	5	8	9	4	7	3	6
9	3	8	6	7	1	2	5	4
7	6	4	2	5	3	8	1	9
5	9	6	4	3	8	1	2	7
3	7	1	9	2	5	6	4	8
4	8	2	1	6	7	5	9	3
8	1	7	5	4	9	3	6	2
6	4	3	7	1	2	9	8	5
2	5	9	3	8	6	4	7	1

140

7	4	3	5	8	1	9	6	2
2	9	8	4	6	3	7	5	1
5	6	1	9	2	7	4	3	8
1	2	9	7	4	6	3	8	5
8	7	4	3	5	2	6	1	9
6	3	5	1	9	8	2	7	4
3	8	6	2	1	9	5	4	7
4	1	2	6	7	5	8	9	3
9	5	7	8	3	4	1	2	6

141

1	5	2	3	7	4	8	9	6
8	6	3	9	1	2	4	7	5
7	9	4	6	8	5	1	2	3
5	1	9	2	3	8	6	4	7
6	2	8	4	9	7	3	5	1
3	4	7	5	6	1	2	8	9
4	7	6	8	5	3	9	1	2
9	8	1	7	2	6	5	3	4
2	3	5	1	4	9	7	6	8

142

8	3	2	5	9	1	4	6	7
1	4	5	2	6	7	3	9	8
7	6	9	4	8	3	5	2	1
9	2	4	3	7	8	1	5	6
5	7	6	1	4	9	2	8	3
3	8	1	6	5	2	7	4	9
2	5	8	7	1	6	9	3	4
6	1	3	9	2	4	8	7	5
4	9	7	8	3	5	6	1	2

143

2	3	8	4	7	5	9	1	6
7	5	6	1	3	9	2	4	8
4	9	1	6	8	2	5	3	7
6	2	7	8	9	1	3	5	4
1	4	9	7	5	3	6	8	2
3	8	5	2	6	4	1	7	9
8	6	2	5	1	7	4	9	3
9	1	4	3	2	8	7	6	5
5	7	3	9	4	6	8	2	1

144

7	9	1	8	6	4	5	2	3
5	3	6	7	2	1	8	4	9
4	8	2	5	3	9	7	6	1
9	2	8	6	7	3	1	5	4
1	4	5	2	9	8	6	3	7
6	7	3	1	4	5	2	9	8
2	1	9	3	5	7	4	8	6
8	6	4	9	1	2	3	7	5
3	5	7	4	8	6	9	1	2

145

7	1	8	4	3	5	9	6	2
4	2	3	9	6	1	8	5	7
5	9	6	8	7	2	3	1	4
6	8	7	3	1	9	4	2	5
9	4	1	5	2	7	6	8	3
3	5	2	6	4	8	7	9	1
1	6	5	7	9	4	2	3	8
2	3	4	1	8	6	5	7	9
8	7	9	2	5	3	1	4	6

146

5	4	8	6	9	3	1	2	7
9	6	1	2	7	5	8	3	4
2	7	3	1	8	4	6	9	5
7	3	2	9	6	1	4	5	8
4	1	6	5	2	8	3	7	9
8	9	5	4	3	7	2	1	6
1	2	7	8	5	6	9	4	3
3	8	9	7	4	2	5	6	1
6	5	4	3	1	9	7	8	2

147

6	2	7	4	3	5	8	9	1
4	9	5	8	7	1	3	2	6
1	3	8	2	9	6	5	4	7
3	6	1	9	5	8	2	7	4
7	8	9	6	2	4	1	5	3
2	5	4	7	1	3	9	6	8
9	1	3	5	4	7	6	8	2
8	4	2	1	6	9	7	3	5
5	7	6	3	8	2	4	1	9

148

6	3	4	7	5	2	9	8	1
2	5	8	6	1	9	4	3	7
9	7	1	4	3	8	6	5	2
5	8	7	3	6	4	1	2	9
4	1	2	8	9	7	3	6	5
3	9	6	5	2	1	8	7	4
8	6	9	1	7	5	2	4	3
7	2	3	9	4	6	5	1	8
1	4	5	2	8	3	7	9	6

149

5	2	4	3	6	7	9	1	8
3	7	6	8	9	1	5	2	4
1	8	9	4	2	5	3	6	7
9	3	8	6	5	2	7	4	1
7	6	1	9	4	8	2	5	3
4	5	2	1	7	3	6	8	9
2	1	5	7	3	4	8	9	6
8	9	3	5	1	6	4	7	2
6	4	7	2	8	9	1	3	5

150

4	8	6	2	5	7	9	1	3
2	1	3	4	6	9	8	5	7
5	7	9	3	1	8	4	2	6
3	6	8	1	7	2	5	9	4
7	4	2	5	9	3	1	6	8
1	9	5	8	4	6	7	3	2
8	2	7	9	3	5	6	4	1
9	3	1	6	8	4	2	7	5
6	5	4	7	2	1	3	8	9

151

5	2	3	4	6	7	9	1	8
7	8	6	5	1	9	2	3	4
1	4	9	2	8	3	5	6	7
8	7	5	1	2	6	4	9	3
6	9	1	8	3	4	7	2	5
2	3	4	7	9	5	6	8	1
3	6	7	9	5	1	8	4	2
9	5	2	3	4	8	1	7	6
4	1	8	6	7	2	3	5	9

152

1	4	9	7	3	8	5	6	2
6	8	3	5	4	2	1	9	7
7	5	2	9	1	6	8	3	4
4	3	6	8	2	5	9	7	1
2	9	8	1	6	7	3	4	5
5	7	1	3	9	4	6	2	8
8	6	5	2	7	3	4	1	9
3	1	7	4	5	9	2	8	6
9	2	4	6	8	1	7	5	3

153

3	8	2	1	5	9	6	4	7
4	9	7	8	3	6	2	5	1
5	1	6	7	4	2	3	8	9
1	6	8	9	2	5	4	7	3
9	4	3	6	1	7	5	2	8
7	2	5	3	8	4	9	1	6
2	3	1	5	6	8	7	9	4
8	7	4	2	9	3	1	6	5
6	5	9	4	7	1	8	3	2

154

4	8	2	7	1	9	6	5	3
5	9	6	8	4	3	2	1	7
3	1	7	6	2	5	8	4	9
1	5	8	3	7	6	4	9	2
6	7	9	2	5	4	1	3	8
2	4	3	9	8	1	5	7	6
8	2	1	4	3	7	9	6	5
7	6	5	1	9	2	3	8	4
9	3	4	5	6	8	7	2	1

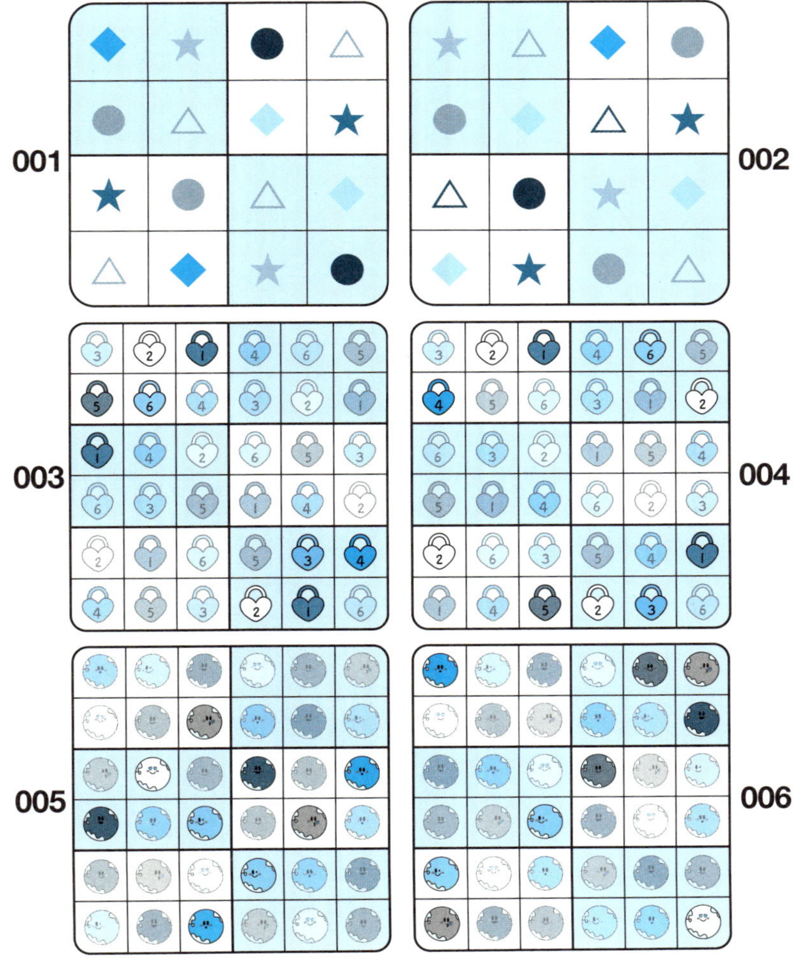

001 **002** **003** **004** **005** **006**

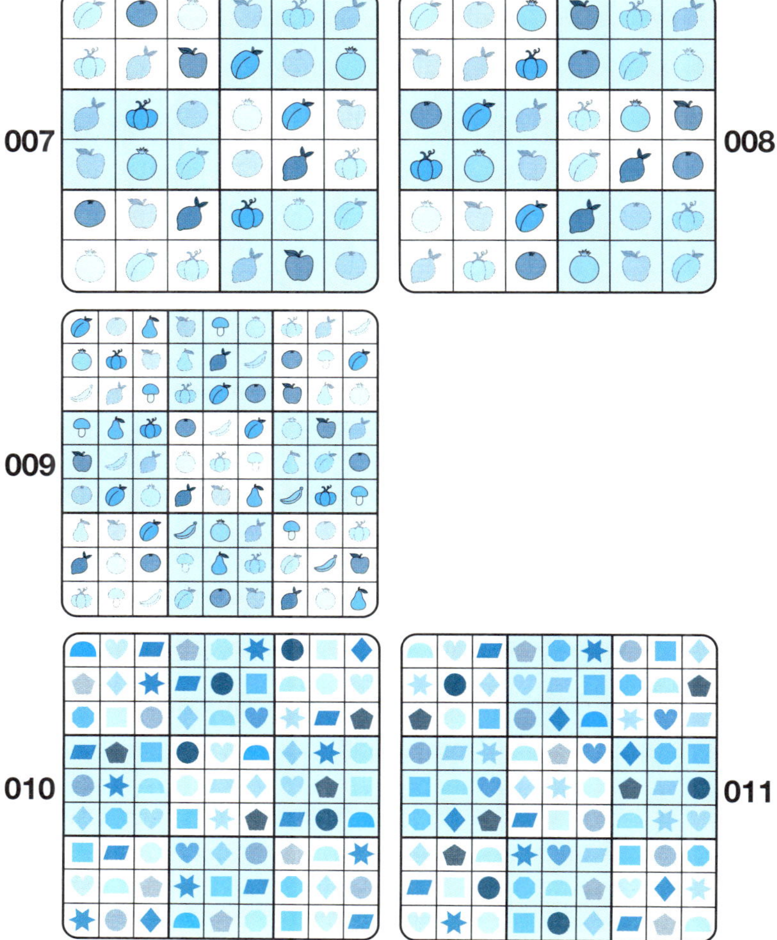

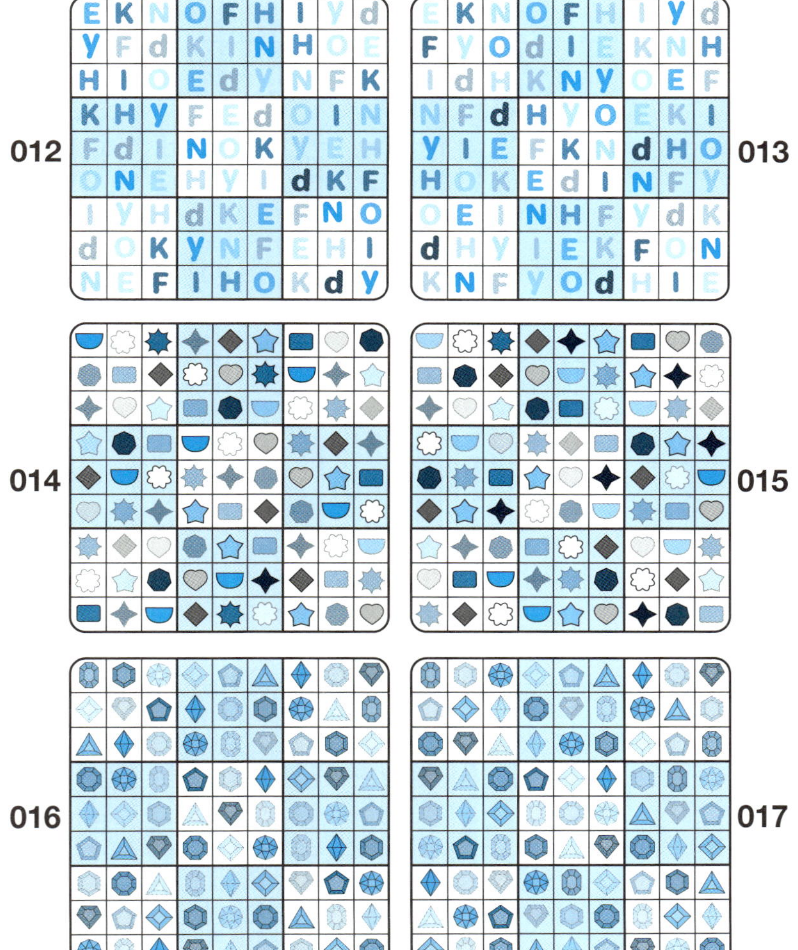

012

013

014

015

016

017

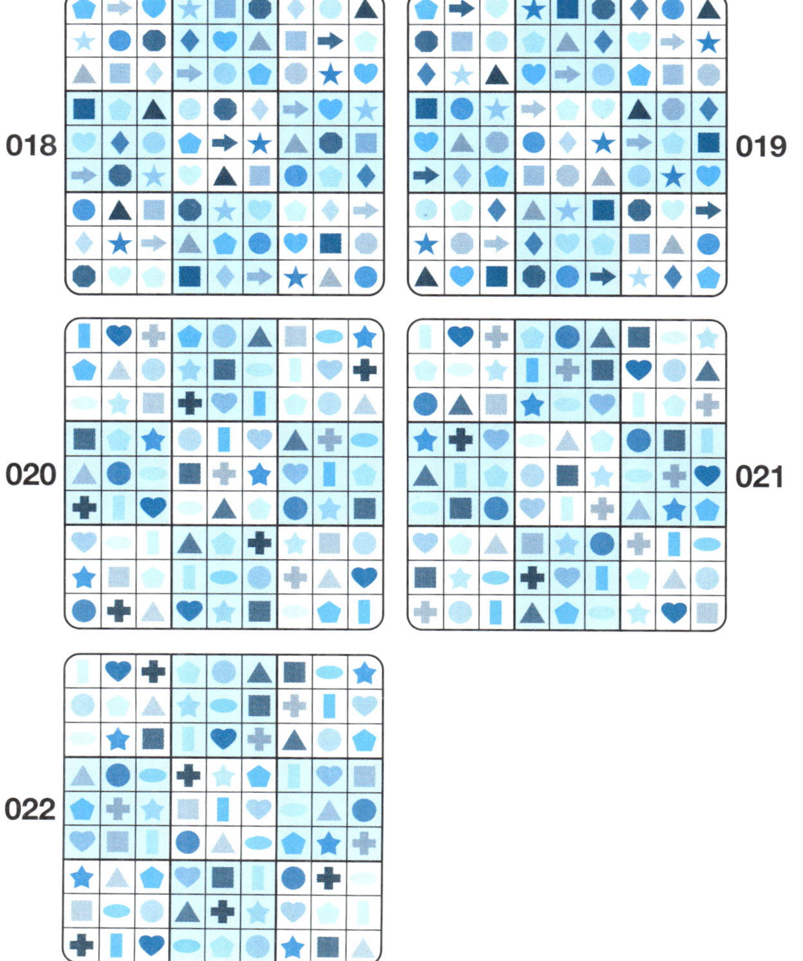

4P
4×4

2	1	3	4
3	4	2	1
1	2	4	3
4	3	1	2

5P
6×6

2	1	3	6	5	4
6	5	4	3	1	2
1	6	5	4	2	3
4	3	2	5	6	1
5	4	1	2	3	6
3	2	6	1	4	5

5P
9×9

4	2	5	8	9	1	3	7	6
3	6	9	2	7	5	8	1	4
8	1	7	3	4	6	5	2	9
6	4	8	7	3	2	9	5	1
1	9	3	6	5	8	7	4	2
5	7	2	9	1	4	6	3	8
2	3	6	1	8	7	4	9	5
7	5	1	4	6	9	2	8	3
9	8	4	5	2	3	1	6	7

초판 1쇄 인쇄 | 2026년 4월 6일
초판 1쇄 발행 | 2026년 4월 10일

엮은이 | 편집부
디자인 | 윤영화
제 작 | 선경프린테크
펴낸곳 | Vitamin Book
펴낸이 | 박영진

등 록 | 제318-2004-00072호
주 소 | 07301 서울특별시 영등포구 영신로 34길 19, 2층
전 화 | 02) 2677-1064
팩 스 | 02) 2677-1026
이메일 | vitaminbooks@naver.com

ISBN 979-11-94124-20-7 (12690)

©2026 Vitamin Book
※ 잘못 만들어진 책은 바꿔드립니다.